AF591933

Du Cabinet de

L'ABSTINENCE DE LA VIANDE RENDUE AISE'E,

ou moins difficile à pratiquer.

OV

REGIME DE VIE

Avec lequel on peut prévenir ou rendre moins grandes les incommoditez qui surviennent à ceux qui font maigre, par le ménagement des temperamens, le choix & le bon usage des alimens maigres simplement aprêtez, &c.

Par M. BARTHELEMY LINAND, Docteur *en Medecine.*

A PARIS,
Chez PIERRE BIENFAIT sur le Quay des grands Augustins, à l'Image S. Pierre.

Où l'on trouve aussi le Traité des Eaux minerales de Forges, du même Auteur.

M DCC

Avec Approbations & Privilege du Roy.

L'ABSTINENCE DE LA VIANDE RENDUE AISE'E,

ou moins difficile à pratiquer.

OU

REGIME DE VIE

Avec lequel on peut prévenir ou rendre moins grandes les incommoditez qui surviennent à ceux qui font maigre, par le ménagement des temperamens, le choix & le bon usage des alimens maigres simplement aprêtez, &c.

Par M. BARTHELEMY LINAN[illegible] *en Medecine.*

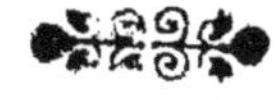

A PARIS,
Chez PIERRE BIENFAIT sur le Quay des grands Augustins, à l'Image S. Pierre.

Où l'on trouve aussi le Traité des Eaux minerales de Forges, du même Auteur.

M DCC

Avec Approbations & Privilege du Roy.

le ſalut du prochain, & ſur lequel perſonne n'avoit encore entrepris d'écrire, ne m'auroit pas fait tout le plaiſir qu'on pouroit s'imaginer, ſi vous n'aviez pas eu la bonté, MONSEIGNEUR, *de laiſſer paſſer cét ouvrage dans les mains du public, ſous le nom de* VÔTRE GRANDEUR. *J'ay toujours cru qu'un Livre de la nature de celui-cy, où je ne me ſuis proposé autre choſe que de ſoûtenir autant qu'un homme de ma profeſſion en eſt capable, la pieté des gens de bien; ne devoit pas ſe fai-*

re voir dans le monde ſans une protection puiſſante. Et il me sembloit encore en même temps, qu'il n'y en avoit aucune que je duſſe luy ſouhaiter plus naturellement, que celle d'un Prelat qui fait l'ornement de l'Egliſe de France, & qui eſt un modele parfait de toutes les vertus epiſcopales.

Il eſt vray auſſi, MONSEIGNEUR, *que je me ſuis flaté de l'eſperance que vous me feriez la grace de ne me pas refuſer cette protection. Le Traité que je donne au public, eſt uniquement fait pour empêcher le violement d'un précepte ecclesiastique ; il regarde la penitence chretienne : & je n'ignorois pas ce que la renommée publie par tout ; que vous soutenez avec un zele si éclairé, & d'une maniere si genereuse, la pureté de la morale de l'Evangile, aussi bien que la discipline de l'Eglise ; qu'on peut s'assurer que tout ce qui se fait pour la gloire de Dieu, & pour le salut des ames, ne peut pas manquer d'avoir vôtre approbation.*

C'est donc maintenant,

EPITRE.

MONSEIGNEUR, *que je puis dire, puisque vous me permettez de mettre le nom de* VÔTRE GRANDEUR *à la teste de ce* LIVRE, *que le Traité où je donne des regles qui rendent l'abstinence aisee, ou moins difficile à pratiquer, pourra estre d'une assez grande utilité dans le monde, & que je n'auray pas lieu de me repentir d'y avoir travaillé. Car combien de personnes le liront, même avec respect, qui ne l'auroient peut-estre regardé qu'avec indifference, s'ils ne l'avoient vû ap-*

puyé d'une approbation qui les asſure que ce que j'ay eſſayé de faire n'eſt pas de ces ouvrages qui ſont dans les mains de tout le monde, qui ne ſont cependant preſque bons à rien.

Combien en verra-t-on encore, qui au lieu de parcourir ſeulement ce Livre, comme ils auroient fait, le liront avec attention & dans le deſſein de profiter d'une lecture qu'ils auront ſujet de croire qu'un grand Prelat leur aura conſeillé de faire. De maniere que les uns frapez de la metode qu'on y donne pour ſe bien conduire dans l'uſage des alimens maigres, ſe mettront en devoir de pratiquer l'abſtinence ; & que les autres qui ne la faiſoient qu'avec d'extrêmes peines, la garderont plus facilement.

Il y a même lieu d'eſperer, MONSEIGNEUR, *que ces ſçavans & zelez Paſteurs qui travaillent avec tant d'application ſous les yeux & ſous la puiſſante, mais douce autorité du ſaint Evêque qui les conduit : les Curez de vôtre Dioceſe, & tous ceux en-*

core qui par tout ailleurs s'occupent au ſalut des ames il y a, dis-je, lieu d'eſperer que ces pieux Eccleſiaſtiques prendront ſoin de recommander la lecture de ce Livre à ceux qu'ils voyent avec douleur violer le précepte de l'abſtinence; auſſi bien qu'à ces Chrétiens genereux qui ne l'obſervent qu'avec de tres-grandes incommoditez, & ſouvent aux dépens de leur ſanté.

Comme il ne m'eſt donc pas permis, MONSEIGNEUR, *de douter que ce ne ſoit à l'approbation que vous avez la bonté de donner à ce Traité, qu'on doit attribuer tout le fruit qu'il pourra produire ; j'ay lieu de croire aussi que vous aurez la meilleure part aux prieres de ceux à qui la lecture en sera utile. Pour moy qui vous suis plus particulierement obligé, je demanderay à Dieu de répandre de plus en plus ses benedictions sur vôtre sacrée Personne & sur toute vôtre illustre Famille, avec d'autant plus de fidelité, que c'est la meilleure, &*

même la seule maniere par où je puisse vous marquer ma parfaite reconnoissance, & la soumission tres respectueuse avec laquelle je suis,

MONSEIGNEUR,

DE VÔTRE GRANDEUR,

Le tres-humble & tres-obeïssant serviteur,
B. LINAND, Docteur en Medecine.

PREFACE.

IL y a long-temps qu'on avoit dessein de travailler au Livre qu'on met aujourd'huy dans les mains du Public. Le sujet en paroissoit d'une utilité infinie à presque tout le monde. On ne voit qu'ouvrages qui ne sont, si on l'ose dire, que mauvais ou quasi bons à rien ; au lieu qu'il sembloit que ce qu'on pouvoit faire sur cette matiere cy, devoit estre tout à fait de pratique.

Mais il s'agissoit de faire

un Livre, & de le faire d'une maniere qui le rendît utile & agreable à ceux qui le liroient. Cela ſeul a toujours eſté capable d'arrêter tout court toutes les fois qu'on a voulu toucher ce ſujet. De ſorte qu'à la fin à force de ſe meſurer ſur ce qu'il faloit faire, on avoit laiſſé là toutes ſes premieres veuës, ſe contentant de ſouhaiter avec beaucoup d'empreſſement que quelqu'autre voulût bien écrire le premier ſur une matiere de cette importance.

On ne ſongeoit donc plus qu'à demeurer ſur cela dans un fort grand repos, lors qu'on communiqua à quelques perſonnes de pieté & fort éclairées, le deſſein qu'on avoit eû. Mais bien loin qu'on ait approuvé les idées de découragement qu'on avoit eûës, on a ſouhaité qu'on travaillât, inceſſamment même, ſur le ſujet dont on parloit ; & pour y engager, on s'eſt ſervi de motifs ſi preſſans, & qu'il eſt bien aiſé d'imaginer, qu'il n'y a pas eû moyen de s'en défendre.

On s'eſt donc mis en devoir de ſatisfaire l'inclination de ces perſonnes là ; c'eſt à dire, qu'on a écrit tout de bon. Le manuſcrit ayant eſté lu & trouvé aſſez paſſablement bon, s'il eſt permis de le dire, on a voulu encore abſolument qu'on le rendît public.

Ce Traité touchant le regime qui rend l'abſtinence aiſée ou moins difficile à pratiquer, eſt diviſé en trois parties.

Dans la premiere on voit dans les deux Chapitres qu'elle contient, qui ſont les perſonnes qui ne pratiquent point l'abſtinence. Le premier de ces Chapitres parle de ceux qui le pourroient, mais qui ne le veulent pas. Le ſecond, de ceux qui le voudroient bien, mais qui ne le peuvent pas, ou qui ne la gardent qu'avec d'extrêmes peines.

Dans la deuxiéme partie on marque dans les deux Chapitres qu'elle contient encore les causes les plus communes d'où procedent les accidens dans lesquels tombent ceux qui sont maigre. Dans l'un de ces Chapitres on attribuë ces accidens à la delicatesse des corps : & dans l'autre, 1° au changement qui se fait quand on passe du gras au maigre, & à la mauvaise maniere dont on s'y prend pour faire abstinence ; comme de ce qu'on ne choisit pas les alimens qui conviennent, & qu'on fait mal apprêter ce qu'on mange. 2° de ce qu'on ne s'abstient pas des alimens qui ſont contraires. 3° de ce qu'on ſe charge de trop de nourriture à chaque repas qu'on fait. Et c'eſt de ces quatre cauſes d'où l'on prétend que procedent toutes les incommoditez qui ſurviennent dans l'uſage des alimens maigres.

Enfin dans la troiſiéme & derniere partie de ce Livre, on s'atache à preſcrire un regime à ceux qui ne ſçauroient pratiquer l'abſtinence, ou qui en ſont plus ou moins incommodez s'ils la font.

Et comme les repas maigres auſſi bien que les gras, contiennent trois ſortes d'alimens ; les potages, les mets qu'on sert en suite, & les desserts plus ou moins composez: aprés avoir dit quelque chose du dessein de cette troisiéme partie dans le premier Chapitre qui la commence; on parle dans les trois autres suivans, de toutes ces sortes d'alimens. Dans l'un on marque les soupes qui conviennent le plus aux personnes delicates. Dans l'autre on traite de la matiere des mets qu'on sert aprés les soupes maigres; comme les poissons, les differentes racines, legumes, graines, fruits, plantes, & les œufs. Et dans le quatriéme Chapitre, qui est le dernier de cette troisiéme partie, on dit quelque chose seulement des desserts qu'on sert sur les tables, particulierement sur celles des personnes qui pratiquent l'abstinence & le jeûne, & qui en tout temps menent une vie frugale & temperée.

Il auroit esté peut-estre bien facile de faire sur ce sujet, un ouvrage plus étendu. Mais à quoy cela auroit-il esté bon ? Peut-estre à empêcher qu'on ne le lût aussi volontiers qu'on pourra faire celui-ci en l'état où il est. On sçait que la plûpart des gens n'aiment pas à faire de grandes lectures, sur tout quand elles sont serieuses. Et c'est souvent asſez qu'un Livre paroiſſe un peu long, & qu'avec cela on y condamne les égaremens du cœur, & les maximes de la vie mole & voluptueuſe, pour voir le monde ſe dégoûter de le lire.

Au ſurplus, on s'eſt appliqué à parler de tout, le plus ſimplement qu'on a pû. On a même évité de faire entrer dans ce Traité aucunes queſtions inutiles. S'il eſt arrivé, que pour établir des principes dont on avoit beſoin, on ait eſté contraint d'agiter quelque point de Phyſique ou de Medecine; on a pris ſoin de le faire d'une maniere ſi débarraſſée, qu'on ne croit pas qu'il y ait personne qui n'entende bien ce qu'on aura voulu dire.

Pour ce qui est de ces moralitez qu'on verra en plusieurs endroits, & particulierement dans la premiere partie de cét ouvrage, on ne croit pas qu'il y ait personne qui y trouve à redire. Enfin si malgré le soin qu'on a pris de ne rien dire qui ne fût utile ou agreable à ceux qui prendront la peine de lire ce Traité, il se trouvoit qu'on eût mal réussi sur cela; ceux qui y verront des choses qui ne seront pas tout à fait de leur goût, auront la bonté, s'il leur plaît, de les soufrir en consideration de ce qui pourra leur estre utile & leur faire plaisir.

APPROBATION

de Monsieur Bourdelot, Conseiller ordinaire du Roy, premier Medecin de Madame la Duchesse de Bourgogne, Docteur Regent de la Faculté de Paris.

J'AY lû ce Livre, dans lequel je n'ay rien trouvé qui puisse en empêcher l'impression. A Versailles, le 26 Janvier 1700.

Approbation de Monsieur Bourdelin, Docteur Regent de la Faculté de Medecine de Paris: & de l'Academie Royale des Sciences.

J'AY trouvé dans ce Livre beaucoup de netteté & de

bons conseils de morale Chretienne, & d'hygine qu'on ne sçauroit qu'aprouver. A Paris, ce 6. Février 1700.

Approbation de Monsieur Burlet Doctcur Regent de la Faculté de Medecine de Paris, commis par Monseigneur le Chancelier à l'examen de ce Livre.

J'AY lû par l'ordre de Monseigneur le Chancelier, ce Livre intitulé, *l'Abstinence de la viande renduë aisée, ou moins dificile à pratiquer, &c. par Monsieur* LINAND *Docteur en Medecine.* Il y a dans cét ouvrage beaucoup de bonne morale sur l'intemperance & le déreglement des passions. On y trouve aussi beaucoup de préceptes de Medecine sur le choix des alimens maigres, & le bon usage qu'un chacun en doit faire dans les temps d'abstinence. Ce Livre ne peut estre qu'utile & édifiant, & merite l'impression. A Paris, ce 18. Février 1700.

PREMIERE

PREMIERE PARTIE
DU TRAITE'

TOUCHANT LE REGIME qui rend l'Abstinence de la viande aisée, ou moins difficile à pratiquer.

CHAPITRE PREMIER.

De ceux qui ne gardent pas l'abstinence en Carême, & les autres temps où elle est ordonnée, parce qu'ils ne le veulent pas.

IL y a parmi les Chretiens deux sortes de personnes qui n'observent point le commandement de l'Eglise touchant l'abstinence de la viande pendant le Carême, & les autres jours de l'année où elle eſt ordonnée. Les premiers ſont ceux qui pourroient le garder, mais qui ne le veulent pas. Les ſeconds ſont ceux qui le voudroient bien, mais qui ne le peuvent pas.

Il en eſt en effet de ce précepte, comme de tous ceux de la Religion, Divins ou Eccleſiaſtiques. L'obligation d'y ſatisfaire n'eſt pas violée de tout le monde, comme tout le monde non plus ne ſe diſpenſe pas de celle de ſatisfaire à tous les préceptes de la Loy.

Mais ce qu'il y a d'étonnant, & que tous les gens de bien ont toujours regardé & verront peut-eſtre toujours avec douleur ; c'eſt de voir que dans les villes & à la campagne, il n'y a gueres que les gens riches, & ceux qui ont abondamment tout ce qui eſt necessaire pour mener une vie commode, qui donnent volontiers atteinte au précepte qui regarde l'abstinence de la viande.

PREMIERE RAISON

Par où l'on prétend justifier le violement du précepte de l'abstinence.

Elle n'est que de discipline cette obligation, disent ceuxqui pourroient garder le précepte de l'abstinence s'ils le vouloient, & l'Eglise qui l'a imposée aux Fideles, en peut dispenser, & en dispense en effet.

Réponse. Tout cela est vray. Mais premierement, ce commandement de l'Eglise qui vous embarrasse si fort, & qui n'est qu'Ecclesiastique & de discipline, est tres assurément renfermé dans d'autres préceptes de la Religion, qu'il n'est permis à personne de violer. Il l'est par exemple, dans celuy qui nous ordonne de faire penitence, sans quoy nous ne serons point sauvez. *Si vous ne faites penitence, vous perirez tous.*

Secondement, l'Eglise peut dispenser, & dispense veritablement de ce précepte; mais ce n'est que ceux qui n'en sçauroient porter le poids, & qui peut-estre pourroient ne le pas observer. Hé qui sont ceux au contraire qui ne s'abstiennent point de l'usage de la viande dans les temps où il n'est pas permis d'en user? On vient de le dire, à Paris & ailleurs, ce sont toujours ceux qui devroient peut-estre porter la rigueur du précepte dans toute son étenduë, ou qui tout au moins tres assurément, ont tous des facilitez infinies de le faire, par celles qu'ils ont de se choisir dans ces temps-là, les alimens qui leur conviennent : ce que ne sçauroient faire, au moins la plusspart de ceux qui sont maigre.

SECONDE RAISON

Qu'on apporte pour autoriser cette transgression.

Le trop tendre amour de soi même ; la fausse idée qu'on sçait si bien se faire presque toujours de ses obligations & de l'étenduë de ses devoirs ; cette indigne & malheureuse langueur où sont la plûpart des hommes sur tout ce qui regarde les choses de Dieu & la grande affaire du salut éternel, vont bien chercher encore d'autres raiſons pour mettre le cœur de l'homme à couvert des inquietudes qu'une conſcience importune & toujours trop delicate viendroit luy donner ſur cela.

C'eſt bien là vraiment dequoy il s'agit, dit-on donc encore. C'eſt au ſolide qu'il faut aller, c'eſt-à-dire au reglement des mœurs, à l'aſſujetiſſement des paſſions, & à l'innocence d'une vie bien égale, & qui ſoit ſoutenuë de bonnes actions. Ce n'eſt pas en effet dans le nombre, l'eſpece, ni la durée des mortifications du corps, que conſiſtent les vertus chretiennes; mais dans la ferveur & la vivacité de l'amour. C'eſt donc l'eſprit qu'il faut mortifier, puiſque ſans le reglement du cœur, toutes les mortifications de la chair ne ſervent de rien. Comme ſi Dieu ſe mettoit beaucoup en peine si les hommes se nourrissent d'un plat de legumes, ou d'alimens gras.

Rép. Voila de belles moralitez, & en verité on est ravi de joye d'entendre des gens qu'on croyoit si mal édifier l'Eglise, raisonner d'une maniere si chretienne. On le seroit encore bien autrement, si la conduite de ces personnes répondoit un peu mieux à de si beaux sentimens : mais par malheur, & pour le prochain qui en est tout scandalizé, & pour ceux qui le scandalizent; les choses se passent bien d'une toute autre maniere.

Car pour ne rien dire sur cela, que ce que tout le monde ne sçait que trop bien : sans parler de tant d'autres retranchemens où l'on doit encore entrer dans les temps de penitence, & les jours où l'abstinence est commandée, plus particulierement que dans d'autres ; voit-on ceux qui violent ce précepte d'une maniere qui fait gémir l'Eglise de douleur, changer rien dans toute leur conduite ordinaire !

Sont-ils moins vifs sur tout ce qui peut leur faire du plaisir, ou leur causer la moindre peine ? Les voit-on plus sensibles aux miseres des pauvres ? Les spectacles sont-ils moins frequentez ? La fureur du jeu domine-t-elle moins ? Est-on plus appliqué à l'éducation chretienne des enfans ? Traite-t-on les domestiques avec plus de douceur ? Ce ne sont donc là veritablement que des discours artificieux de l'amour propre, & de ces raisonnemens faits en l'air, comme on dit, qui ne sont pour l'ordinaire ſuivis d'aucun effet de la part de ceux qui les font.

C'eſt à dire donc , dans le langage qu'on vient d'entendre , que l'Egliſe & les Maîtres de la morale chretienne, ſe ſeroient bien trompez dans leurs idées. Ils nous diſent que c'eſt particulierement & entr'autres choſes , dans la vie temperée , la ſobrieté & l'abſtinence , que ſe trouve l'affoibliſſement des paſſions de l'ame. Et on aſſure au contraire que ſans tant de précautions fatigantes , l'homme peut fort bien eſtre le maître des agitations de ſon cœur. En un mot, que ſans mater le corps par le retranchement des choſes qu'on a coutume de faire , ſans le réduire en ſervitude par la privation de certains alimens dont a coutume de le nourrir, pour ne pas dire l'engraiſſer ;

l'ame sçait bien dissiper les nuages épais qui l'apesantissent, & qui en l'empêchant tres souvent de faire le bien qu'elle aime, ne luy font faire aussi que trop souvent le mal qu'elle n'aime pas.

Ceux qui connoissent bien les liaisons qu'il y a entre le corps & l'ame, & les dépendances qu'ont entre elles ces deux substances dont l'union fait la nature & la vie de l'homme, & en quoy cette liaison & ces dépendances consistent; raisonnent sur tout cela d'une maniere bien differente de celle des personnes dont on vient de parler.

L'ame raisonnable, cette partie de nous mêmes, qui a quelque chose de si grand, puisque c'est l'image & la ressemblance de Dieu qui l'a créée, peut, tant qu'elle est unie au corps qu'elle anime, luy donner un nombre infiny de mouvemens differens, ſupoſé que le corps ſoit bien diſpoſé à les faire.

Mais ſi cette ame peut quand il luy plaît remuer le corps en mille manieres differentes ; le corps à ſon tour peut produire dans l'ame, & voilà ſon eſclavage, & ſa malheureuſe & funeſte dépendance, une infinité d'idées, de penſées differentes, & de differens ſentimens.

Sur ce principe, & ſi c'eſt en cela uniquement que conſiſte la dépendance mutuelle du corps & de l'ame, & ce qui fait la liaiſon de ces deux ſubſtances dont nous ſommes compoſez, comme il eſt aſſurément tres difficile de croire que cela ne ſoit pas : ſi les objets exterieurs agitent l'ame en tant de diverſes manieres par le moyen des eſprits qui luy portent fidelement dans le cerveau où elle reſide, l'impreſſion que ces objets ont faite ſur les organes des ſens : ſi les eſprits qui font tous les mouvemens de la machine : ſi le ſang & les autres humeurs de nos corps ſont capables de remuer l'ame d'une infinité de differentes manieres ; de luy donner des penſées plus ou moins vives ; des idées plus ou moins naturelles ; des ſentimens plus ou moins bizarres, ſuivant la difference de leur temperament, & les fermentations & les boüillonnemens qu'ils ſont capables d'exciter dans le corps : ſi tout cela eſt ainſi, comment peut-on concevoir que la vie frugale & temperée, la ſobrieté, l'abſtinence de la viande, & je ne ſçais combien de retranchemens ; ne ſoient pas abſolument necessaires à ce reglement des mœurs dont on vient de parler, à cet assujettissement des passions, à cette innocence de vie soutenuë de bonnes actions, qui font en effet le merite des temps de penitence, comme tout celuy de la vie chrestienne.

TROISIE'ME RAISON

Par où on voudroit justifier la transgression du précepte de l'abstinence.

Mais quoy! continuënt de nous dire toujours ceux qui pourroient bien garder l'abstinence s'ils le vouloient: on ne se donne jamais la liberté d'user des alimens gras dans le temps où l'usage en est défendu, qu'aprés en avoir obtenu la permission des Pasteurs sur de bonnes atteſtations de Medecins.

Rép. On l'a déja dit. L'Egliſe peut diſpenſer & diſpenſe en effet de l'obligation de ſatisfaire au précepte de l'abſtinence; mais on l'a marqué auſſi en même temps, ce n'eſt jamais que ceux qui ne la ſçauroient garder. Et ſi on y prend bien garde, quand le Paſteur accorde cette diſpenſe, ce n'eſt toujours qu'en renvoyant ceux qui la luy demandent, à examiner de bonne foy, & ſous les yeux de Dieu, ſi les raiſons qu'ils ont pour cela ſont bien legitimes.

C'eſt à dire donc, que comme il ne ſuffit pas, pour pouvoir en ſureté de conſcience faire gras dans les jours où l'abſtinence eſt commandée, qu'on en ait un veritable beſoin, mais qu'il faut encore en avoir la permiſſion de l'Egliſe:

ce n'eſt point aſſez non plus qu'on ait obtenu cette permiſſion de ceux qui ont pouvoir de l'accorder, ſi les raiſons qu'on donne pour l'avoir ne ſont bien juſtes devant Dieu.

Et pour ce qui eſt de ces atteſtations de Medecins avec leſquelles on obtient de l'Egliſe ces diſpenſes de faire maigre. Bon Dieu! qu'il y auroit de choſes à dire ſur cela à la honte & à la confuſion de ceux qui les donnent ſi liberalement aux gens du monde, ſi on ne craignoit pas d'ennuyer!

Les Medecins vraiment Chretiens, & qui ſçavent ſe ſoutenir par leur propre merite, ne tombent pas dans ces excez de donner ſi indifferemment à preſque tout le monde, ces ſortes d'atteſtations, ſur leſquelles on obtient toujours la diſpenſe de faire maigre.

Au contraire, comme ils ne manquent jamais avec la permiſſion de l'Egliſe, de mettre leurs malades, les perſonnes vraiment délicates & valetudinaires, en un mot tous ceux qui en ont abſolument beſoin, dans l'uſage de la viande aux jours où elle eſt deffenduë ; Ils n'ont pas auſſi la malheureuſe complaiſance de la permettre avec trop de facilité à une infinité de perſonnes qui n'ont preſque jamais d'autres raiſons d'en uſer, que l'amour exceſſif d'elles mêmes.

QUATRIE'ME RAISON

Qu'on apporte pour autoriſer la prévarication de ce précepte.

Enfin voici, ce me ſemble, la derniere raiſon qu'aportent pour

pour justifier leur conduite, ceux qui se dispensent de l'obligation de satisfaire au commandement de l'abstinence, parce qu'ils ne veulent pas sur cela se faire la violence que se font constamment ceux qui sont plus fideles qu'eux dans l'accomplissement de ce précepte. Et elle leur semble si puissante cette raison, qu'ils ne croyent pas qu'il y ait de bonne réponse à y faire. En sorte que cela seul n'est que trop suffisant, à leur compte, pour les mettre sur ce violement du précepte dans un fort grand repos d'esprit.

Bien loin de trouver du plaisir à ne point garder l'abstinence dans les jours où elle est ordonnée, on seroit ravy de pouvoir faire maigre comme les autres, disent ceux qui ne le font jamais ; d'autant plus, que les alimens de ces temps là ont toujours quelque chose de plus agreable que tout le gras qu'on peut avoir, dont on est tout dégoûté.

Mais on est d'une santé si délicate & qui tient à si peu de chose que si sur cela on vouloit se faire un peu trop de violence, on seroit aussi-tôt arresté tout court par une foule d'accidens qui surviendroient immanquablement, & qui ruineroient pour toujours le peu de santé qu'on a. Car sans parler des maux d'estomac, des aigreurs, des indigestions que donneroint toûjours les premiers repas maigres qu'on feroit, quand on est d'un temperament fait comme le nôtre; on auroit des maux de teste qui fatigueroient, des insomnies qui épuiseroient, des étourdissemens, la poitrine s'échaufferoit, ce ſont toûjours eux qui parlent, le corps s'affoibliroit de façon qu'en tres peu de temps on ſe verroit aſſurément tomber malade, ſi on entreprenoit mal à propos de ſuivre ce genre de vie.

Rép. Pour répondre en deux mots à ce qu'on vient de dire. Quand l'Egliſe a ordonné l'abſtinence, elle n'a pas eu deſſein de ruiner la ſanté de perſonne par tous ces accidens dont on vient de parler. Mais il ne faut pas s'imaginer auſſi que quelqu'une ou pluſieurs même de ces incommoditez qui accompagnent aſſez ſouvent l'uſage du maigre, quand elles ne ſont que dans un certain degré qui n'eſt pas inſuportable, ſoient une raiſon auſſi legitime qu'on le croit, pour ſe diſpenſer de faire ce que la loy veut qu'on faſſe.

Et en quoy est-ce donc qu'on voudroit que se trouvât en effet le merite de l'abstinence, si le corps n'en recevant aucune impression qui le fatigue un peu, l'ame n'a aucune occasion non plus de s'affliger de rien, & de s'humilier devant Dieu. Est-ce qu'il n'en coute donc rien à ceux qui plus attentifs à connoistre les devoirs de la Religion, & la necessité de la Penitence, que les personnes dont nous parlons, & plus fideles aussi a les remplir dans toute leur étenduë ; gardent l'abstinence, quelque peine même que cela leur fasse, avec une regularité qui devroit faire mourir de honte ceux qui ne la font jamais, parce qu'ils apprehendent que cela ne leur en fasse un peu.

Mais que ce qu'on va dire

paroiſt étonnant, & fait bien voir combien la plûpart des gens qui ſont ſi appliquez à conſerver la ſanté de leur corps, connoiſſent peu ce qui eſt vraiment capable de la ruiner !

Un ſimple uſage des alimens maigres auſquels on n'eſt point accoutumé, donneroit des aigreurs, des indigeſtions, des maux d'eſtomac, &c. qui auroient d'étranges ſuites ; & l'intemperance du boire & du manger où l'on eſt tous les jours dans les repas qu'on fait, n'incommode point les gens du monde !

L'abſtinence les jetteroit dans de tels affoibliſſemens, diſent-ils, qu'il ſembleroit que tout ſeroit perdu pour eux, s'ils la gardoient : & mille fatigues, qu'on ſe donne nuit & jour, & pour je ne ſçay quoy, n'en donnent point qui faſſent rien craindre !

Le maigre de quelques jours, ou de quelques ſemaines tout au plus, qui nourrit un peu moins que les alimens ordinaires qui ne nourriſſent peut-eſtre que trop, vous cauſeroit des chaleurs de poitrine qui pourroient affoiblir cette partie, des maux de teſte, des inſomnies, des étourdiſſemens: & vous ne vous inquietez point d'une infinité d'autres incommoditez encore, ſans parler de celles-là, que vous donnent peut-eſtre tous les jours, la force des vins que vous prenez dans vos repas ordinaires, le feu de toutes ces liqueurs dont vous ne buvez peut-eſtre que trop & que trop ſouvẽt, l'aigreur de vos emportemens & de vos jalouſies, le travail de vos jeux où vous paſſez ſi ſouvent des nuits toutes entieres, & mille autres excés que vous faites tous les jours en tant de differentes manieres ! Encore un coup, que ce qu'on vient de dire a quelque chose de bien étonnant ! Mais il y a fort à craindre que la plûpart des gens du monde ne veüillent pas sur cela, non plus que sur une infinité d'autres choses, penser seulement jamais à redresser un peu le mauvais penchant de leur cœur.

CHAPITRE II.

De ceux qui ne gardent point l'abstinence de la viande en Carême, & les autres jours de l'année où elle est commandée, parce qu'ils ne le peuvent pas.

IL faut donc ici dire la verité. Ce n'est pas precisément pour ceux qui ne veulent point garder l'abſtinence, qu'on ſe donne la peine d'écrire. On n'oſe pas s'imaginer que des perſonnes qui ne ſont uniquement attentives & occupées qu'à ſe procurer tout ce qui peut ſatisfaire les inclinations de la nature, veüillent jamais quiter ce trop tendre amour qu'elles ont d'elles-mêmes, pour eſſayer un peu ſi elles ne pourroient pas faire en effet en ſe faiſant un peu de violence, ce que tant d'autres d'une moins bonne conſtitution qu'elles, ont coutume de faire, quelques incommoditez meſme que cela leur cauſe preſque toujours.

Que ſi par bonheur neanmoins il s'en trouve quelqu'un parmy ceux dont on vient de parler, comme cela arrive meſme aſſez ſouvent, qui veüille ſortir de la tranquilité trompeuſe

peuſe de la vie mole, pour entrer dans la pratique des vertus chretiennes, & l'accompliſſement des ordonnances de l'Egliſe ; on aura bien de la joye de voir que ce qu'on aura fait pour faire ſuporter avec moins d'incommodité qu'on ne fait ordinairement, l'uſage du maigre à ceux qui le veulent faire, ne ſoit pas moins utile à ces perſonnes-là, qu'à ceux qu'on a eu particulierement en vuë.

Mais à propos de cecy, c'eſt à dire de ceux qui par un heureux changement qui ne peut eſtre que l'ouvrage de celuy qui eſt la force des foibles, veulent enfin quitter les fauſſes douceurs de la volupté, pour eſſayer d'eſtre plus fideles qu'ils n'ont eſté dans la pratique du précepte qui regarde l'abſtinence : voicy un fait entre beaucoup d'autres qu'on pourroit citer, qui nous a fait comprendre qu'il y a en effet au moins beaucoup de personnes parmy ceux qui violent ce commandement, qui pourroient le garder sans risquer de ruiner leur santé, comme elles l'apprehendent si fort. Et on le rapporte icy ce fait, d'autant plus volontiers, que non seulement avec les autres raisons qu'on avoit déja, il a servi à déterminer à travailler sur cette matiere cy; mais même parce qu'il peut contribuer à encourager un peu ceux que le seul nom d'abstinence effraye si fort.

On voyoit à Paris il y a quelques années, une Dame âgée peut-estre de trente-cinq ou trente-six ans, d'une santé si délicate, que la moindre des choses qui ne font tout au plus que de legeres impreſſions ſur des conſtitutions qui ne ſont que paſſablement bonnes, étoit capable de renverſer celle-là. On peut bien s'imaginer, dans l'état où l'on dit qu'étoit cette femme, qu'elle ne faiſoit jamais d'abſtinence ; & il y avoit au moins quatorze ou quinze ans qu'elle vivoit de cette maniere.

Vers le commencement d'un Carême, & ſi on ne s'y trompe point, preſque au ſortir d'une aſſez grande maladie, la perſonne dont on parle, ſe ſentit frapée de je ne ſçay quel atendriſſement, & d'un ſcrupule qui ne laiſſoit pas de l'inquieter, ſur ce qu'elle faiſoit toujours gras.

Autant éloigné que je crois qu'on doit l'eſtre de l'extremité vicieuſe d'accorder trop librement à la nature l'uſage des choses défenduës ou inutiles, que de celle de luy refuser mal à propos ce qui est necessaire & même commode; chargé que j'étois du soin de la santé de cette Dame, il falut prendre celuy de la soutenir dans ses bons sentimens. Sans donc avoir dessein de luy en faire trop entreprendre, je ne pûs m'empêcher de luy faire connoître, que pourvû qu'elle ne fût pas plus sensible aux incommoditez qui pourroient luy arriver dans l'usage du maigre où elle disoit qu'elle vouloit se mettre comme les autres dans les jours de penitence où l'on alloit entrer, qu'à toutes celles qui luy arrivoient dans le gras, malgré même toutes les précautions qu'elle prenoit; elle pouvoit s'assurer qu'elle réussiroit dans ce qu'elle avoit envie de faire.

Que tout au moins ſans riſquer autant qu'elle l'avoit toujours cru, ſi elle eſtoit obligée de laiſſer là ce regime, elle auroit le plaiſir conſolant d'avoir fait de ſon mieux pour ſatisfaire à ſon devoir.

Aſſuré qu'on fut des diſpoſitions du cœur de cette Dame ſur cela, on s'appliqua à luy faire un regime d'alimens maigres qui luy convinſſent. On regla même la maniere de les faire apprêter, le temps de les prendre, juſqu'à la quantité qu'il en faloit à chaque repas. Enfin on n'oublia rien de tout ce qu'on crut luy devoir conſeiller de ménagemens dans toute ſa conduite, pour la faire réuſſir dans le pieux deſſein qu'elle avoit.

Cette Dame de ſon coſté, fut fort fidele à faire tout ce qu'on voulut qu'elle fiſt. Elle ne ſe plaignit même de ce qui luy arriva les premiers jours qu'elle ſe mit au maigre, tant elle ſe ſentoit de courage, que pour faire connoître à celuy qui prenoit ſoin de ſa ſanté, ce qui ſe paſſoit. Pour le faire court, les ſoins du Medecin, le zele & la fermeté de la Dame, ne furent pas infructueux. C'eſt-à-dire que le Carême ſe paſſa bien, & que l'abſtinence fut gardée tres-regulierement, & peut-eſtre avec moins, & de plus ſuportables incommoditez, qu'il n'y auroit eu, ſi elle avoit fait gras.

Pour rentrer donc un peu dans nôtre ſujet. On a déja dit, même plus d'une fois, qu'outre ceux qui ne font point abſtinence dans les jours où elle doit eſtre gardée, ſeulement parce qu'ils ne le veulent pas, il y en a encore d'autres qui ne la gardent pas non plus qu'eux, mais que c'eſt par une raiſon bien differente; c'eſt-à-dire ſeulement parce qu'en verité ils ne peuvent pas ſupporter l'uſage du maigre. On ne parle point de la plûpart des vieillards, non plus que de quelques nourrices. Ils en ſont les uns & les autres naturellement diſpenſez.

Les premiers ne gardent point l'abſtinence, ils n'ont pas ſeulement le courage d'eſſayer de la faire. Ce ſont des gens qui ne veulent jamais ſortir de la voye large. Les autres ne la gardent pas non plus qu'eux; mais ce n'eſt jamais qu'aprés avoir entrepris genereuſement de la faire, & n'avoir pû abſolument en ſoutenir les incommoditez, qu'ils la quitent, ou pour mieux dire, qu'on la leur fait quitter.

Il n'y a rien de plus commun en effet, que de voir un assez grand nombre de personnes commencer le Carême avec de bonnes intentions de le faire regulierement, & qui à mesure qu'elles avancent dans l'usage du maigre, tombent dans tant & de si fâcheuses incommoditez, qu'elles sont necessairement obligées de le rompre, c'est-à-dire de se remettre au gras. Et il y auroit assurément de la cruauté à vouloir obliger ces personnes là à se faire de plus grands efforts pour continuer ce qu'elles auroient commencé.

Que s'il s'en trouvoit quelques-uns d'un assez bon temperament pour continuer à faire maigre malgré toutes les incommoditez qu'ils ont toujours en le faisant ; il arrive aussi fort souvent que ces gens-là le payent bien par des maladies qui surviennent immédiatement aprés cette abstinence ; de maniere qu'il leur reste souvent un dérangement de santé, & un affoiblissement de constitution plus ou moins grand qui a souvent de fâcheuses suites.

Il me semble pour moy qu'on pourroit apporter quelque remede à tout cela, & qu'un regime bien entendu qui retrancheroit à ces personnes là les alimens maigres qui ne leur conviennent pas, pour leur en faire prendre d'autres d'une qualité plus conforme à leur temperament, on préviendroit une bonne partie de tous ces accidens, & on rendroit plus suportables ceux qui arriveroient neceſſairement. Ce qui me le fait dire, c'eſt qu'outre que la raiſon m'aſſure que cela doit eſtre ainſi, l'experience m'a apris plus d'une fois, que la choſe eſt auſſi certainement vraye que ce que je vais dire. Ce n'eſt qu'un fait, mais un fait, quand on peut s'aſſurer qu'il eſt fidelement rapporté, agit ſouvent d'une maniere plus puiſſante ſur l'eſprit de la plûpart des gens, que toute autre choſe.

On voit à Paris une Dame auſſi eſtimable par la bonté de ſon cœur qui eſt tout à fait tourné au bien & à la vertu, que par la droiture de ſon eſprit, qui auroit aſſurément des raiſons infiniment plus legitimes de faire gras que quantité d'autres perſonnes qui le font toujours, ſans en avoir preſque jamais beſoin; & qui pourtant ne se dispense jamais de faire maigre dans les jours où l'abstinence est commandée.

Cette Dame est d'une santé fort chancelante, & par consequent sujette à beaucoup d'incommoditez qui luy rendroient la vie ennuyeuse, si sa pieté ne la soutenoit pas.

Le plus essentiel des maux qui la tourmentent, est une affreuse migraine dont elle a fort souvent de cruels accez qui durent quelquefois des deux & trois jours. Avec tout cela, comme on vient de le dire, cette Dame ne se donne jamais la liberté de manger gras dans les temps où il n'est pas permis de le faire. Et ce qu'il y a de remarquable, c'est que bien loin que les accidens de son mal soient plus pressans dans l'usage du maigre que dans celuy du gras , on voit que le contraire arrive fort souvent.

Il est vray que cette genereuse Malade ne vit pas tout-à-fait à sa fantaisie, ny comme font la plupart des gens du monde , qui , quoyque d'une santé mediocre , sont neanmoins presque toujours sur toutes choses dans un dérangement fort grand. On a pris soin de luy faire un regime qui luy convienne, c'est-à-dire, que , sans parler de certains ménagemens de conduite que l'on luy a conseillez & où elle tâche d'entrer , en luy retranchant dans les alimens maigres tout ce qui pourroit aigrir son mal , on l'a mise dans l'usage de ceux qui doivent en affoiblir la cause.

On laisse aux gens du monde qui ne veulent jamais faire

abstinence; à ceux même dont on vient de parler qui ne la peuvent pas garder absolument; à ceux encore qui la gardent regulierement avec toutes les incommoditez qui leur arrivent en faisant maigre: on laisse à tous ces gens-là à faire reflexion sur ce qu'onvient de rapporter. C'est d'une femme dont on a parlé, c'est d'une femme d'une assez petite santé, & qui ne laisse pas de faire abstinence dans tous les temps commandez, parce qu'elle est persuadée que c'est un devoir de Religion dont on ne doit pas se dispenser sans en avoir de tres-legitimes raisons, & qu'elle observe un regime de vie qui luy facilite les moyens d'y satisfaire.

SECONDE PARTIE.

DU TRAITE'.

TOUCHANT LE REGIME Qui rend l'Abstinence de la viande aisée, ou moins difficile à pratiquer.

CHAPITRE PREMIER.

Premiere cause qui produit la plûpart des accidens qui arrivent dans l'usage du maigre, qui est la délicatesse des corps. En quoy consiste cette délicatesse. Quels sont ces accidens.

DE la grande délicatesse, dont sont à present la plûpart des corps ; de la maniere dont vivent presque tous ceux qui peuvent ſe donner tous les aiſes de la vie; de l'air dont on s'y prend pour faire maigre dans les jours où l'on doit le faire ; car c'eſt de-là préciſément comme on va eſſayer de le faire connoître dans ce chapitre, & dans celuy qui le ſuivra, d'où viennent toujours toutes les incommoditez qu'on a dans le temps d'abſtinence ; il eſt comme impoſſible qu'il ne ſurvienne pas beaucoup d'accideus quand on ſe met au maigre, qui fatiguent plus ou moins ceux qui le font, & qui empêchent que ceux qui le quitent n'en puiſſent continuer l'uſage plus long-temps, ſans s'expoſer veritablement à de dangereuſes maladies.

Les premieres impreſſions fâcheuſes que cauſent les alimens maigres à ceux qu'ils ont coutume d'incommoder plus ou moins considerablement, se font ordinairement sur l'estomac. Et comme le dérangement des fonctions naturelles de cette partie si essentielles à la santé, est presque toujours suivy de toutes les autres: que des digestions malfaites ne se reparent point, ou que tres difficilement, & ne sçauroient produire par consequent que de fort mauvais effets sur les parties solides, & sur toutes les humeurs du corps; il n'est pas étonnant de voir que les nausées, ou envies de vomir qu'on appelle maux de cœur, les vomissemens mêmes, les indigestions acides ou bilieuses, & qui sentent comme les œufs pourris, qu'ont souvent ceux qui font maigre, soient suivis de quantité d'autres accidens,

quand

quand d'ailleurs on n'eſt pas d'une fort bonne conſtitution.

C'eſt-à-dire donc que, comme ceux qui ont une ſanté bien affermie & un bon eſtomac, ne tombent pas dans les accidens dont on vient de parler, ſur tout quand on ſçait un peu ſe conduire dans l'uſage du maigre ; & par conſequent non plus dans quelques autres incommoditez, comme des maux de teſte, des inſomnies, des gonflemens de ventre, des chaleurs de poitrine, des étourdiſſemens, &c. qui ſuivent ordinairement les deſordres de l'eſtomac : ceux au contraire qui ont un temperament délicat & un eſtomac foible & mauvais, ne manquent guéres d'eſtre ſujets à tous ces dérangemens de ſanté.

Ce n'eſt pas que je veüille dire, ny encore moins aſſurer

icy, que ces accidens dont on vient de parler, ſoient toujours une ſuite des vices de l'eſtomac : enſorte que ceux qui auroient cette partie foible, ne manquant guéres d'y tomber ; ceux qui l'ont, comme l'on dit, à l'épreuve de tout, ne les ayent jamais. On eſt perſuadé qu'il s'en faut beaucoup que cela ne ſoit ainſi.

En effet il n'y a rien de plus ordinaire que de voir quantité de perſonnes dont l'eſtomac fait parfaitement bien ſes fonctions, ſoit que ce ſoit un effet de ſa force, ou celuy des ménagemens qu'on apporte dans le choix du maigre, & des précautions qu'on prend pour le bien faire ; qui ne laiſſent pas cependant d'avoir de fort grands maux de teſte, des gonflemens de ventre, des insomnies, des nausées même & des vomissemens, qui leur font beaucoup de peine. Si on veut sçavoir d'où est-ce donc que cela peut venir, le voicy apparemment. Ce qu'on va dire ne déplaira peutestre pas à tout le monde. Il est étonnant qu'y ayant peu de choses que les gens d'esprit dussent mieux sçavoir que les premiers principes au moins de la Medecine, il s'en voye pourtant si peu qui les entendent.

Les alimens dont on se nourrit reçoivent beaucoup d'alterations differentes avant que d'estre en estat de servir aux usages pour lesquels on les prend; je veux dire avant que d'estre propres à reparer la dissipation des esprits qui se fait continuellement, nourrir toutes les parties solides des corps quelles quelles soient ; faire toutes les humeurs, &c.

Le premier de tous ces changemens est celuy qui se fait dans la bouche. C'est là que ces alimens reçoivent non seulement un brisement grossier, & un commencement de décomposition ou separation de leurs parties ; mais encore qu'ils se mêlent à la salive, qui suivant qu'elle est plus ou moins acide, salée, bilieuse, liquide ou épaisse, qu'elle est d'une odeur & d'un goût plus ou moins mauvais qui en marquent la corruption & en même temps le caractere de la masse du sang dont elle vient ; cette humeur devient à ces alimens un levain qui produit des effets bien differens.

La deuxiéme alteration que reçoivent les alimens, est celle qui se fait dans l'estomac par cette operation admirable qu'on appelle ordinairement digestion, & qui n'est autre chose qu'une fermentation, ebullition, ou une espece de doux boüillonnement, causez non seulement par les esprits, les sels & les soufres volatiles de ces alimens, devenus libres par le premier brisement dont on vient de parler : mais encore par le levain de l'estomac & celuy de l'humeur salivaire qui se sont exactement mêlez à la nourriture qu'on a prise.

Le troisiéme changement qui arrive aux alimens dont on se nourrit, se fait au sortir de l'estomac dans la cavité des intestins. C'est là que toutes les differentes particules qui les composoient déja détachées les unes des autres par ces deux operations qu'on a marquées, mais toujours mêlées ou confonduës ensemble ; entrent dans une troisiéme fermentation. Et cela se fait à la rencontre de ces alimens devenus liquides, avec deux autres sucs qu'on appelle la bile & le suc pancreatique, pour me servir des termes, qui se dégorgent dans les intestins un peu au dessous de l'estomac, & qui font toujours entr'eux de douces ebullitions, quand il n'y a rien de vicieux dans leur temperament.

C'est là que par une operation merveilleuse, les parties excrementeuses, grossieres & terrestres des alimens, qui ne sont d'aucun usage, sont separées des esprits, des sels, & des soufres volatiles que ces alimens contenoient, & qui sont les principes essentiels dont la nature a besoin pour reparer les esprits qui se conſument ſans ceſſe, comme on l'a déja dit, nourrir les parties ſolides des corps, & entretenir les differentes humeurs qu'ils contiennent.

Enfin la portion la plus pure & la plus ſpiritueuſe de tout le ſuc qui s'eſt fait de la ſubſtance des alimens qu'on a mangez, détachée de tout ce qu'il y a d'inutile, ſe jette de la cavité des inteſtins dans une infinité de conduits qui y ont leurs petites ouvertures comme autant de bouches afin de la recevoir, pour eſtre de là portée dans la maſſe du ſang : de la meſme maniere qu'eſt pouſſé le ſuc de la terre dans la ſubſtance des arbres, par un million de petites racines.

Cette liqueur ſe va donc mêler au ſang, elle en prend la teinture dans le cœur, & par tout où elle fermente avec luy. En un mot, cette portion ſpiritueuſe des alimens prend le caractere qu'elle doit avoir pour eſtre propre à tous les uſages auſquels elle doit ſervir. Et voila le quatriéme changement qui ſe fait dans les alimens qu'on prend. On ne parle point de celuy qui arrive encore lors que la ſubſtance des alimens ſe change en celle des parties du corps qu'elle nourrit.

Or ſi tout ce qu'on vient de dire eſt vray, comme on peut aſſurer qu'il l'eſt ſans craindre de tomber dans l'injuſtice d'en impoſer à perſonne, & qu'on oſe nous le reprocher: il eſt bien aiſé de comprendre comment ceux qui font maigre & qui ont l'eſtomac tres bon, ne laiſſent pas de tomber dans plus ou moins de ces incommoditez qui arrivent à ceux

qui

qui gardent l'abſtinence ; & comment encore il en peut ſurvenir à cette partie, quoique d'ailleurs elle faſſe toutes ſes fonctions parfaitement bien.

On vient de dire qu'aprés que les alimens ont eſté digerez dans l'eſtomac, c'eſt-à-dire, que les principes qui les compoſoient ont eſté dévelopez & deſunis les uns des autres par une douce fermentation qui s'y eſt faite ; ils ſont pouſſez comme une eſpece de crême plus ou moins liquide, qui eſt ce qu'on appelle chile, dans la cavité des inteſtins, & que là ces alimens reçoivent une alteration toute autre que les deux premieres qui ſe ſont faites dans la bouche & dans l'eſtomac.

Que s'il ſe trouve que le tiſſu des parties où ſe fait cette fermentation ſoit fort délicat & d'une trop grande ſenſibilité, comme cela ſe voit tres ſouvent, particulierement dans la plûpart des femmes ; il ne doit pas manquer de ſe faire de plus ou moins grands deſordres dans la cavité des inteſtins. Sur tout, ſi avec cette ſenſibilité des parties du bas ventre, les humeurs bilieuſe & pancreatique *, & le ſuc alimentaire qui ſort tout fumant de l'eſtomac, ont quelque choſe d'irregulier ; & c'eſt ce qui arrive tres ſouvent, au moins à l'égard du dernier, dans les temps maigres, ſi on n'y prend bien garde.

On ſentira donc alors des coliques plus ou moins violentes, des gonflemens de ventre, des

* L'humeur pancreatique eſt un ſuc naturellement aigrelet qui ſe dégorge dans les inteſtins, un peu au deſſous de l'eſtomac.

douleurs de toutes manieres en differens endroits, vers le dos & la region des reins, &c. Il s'élevera dans ce boüillonnement que l'agitation comme convulsive des parties aura jetté dans le déreglement, des vapeurs vers l'estomac qui donneront des maux de cœur ou envies de vomir, des vomissemens même & des sentimens de chaleur qui se communiquant à la poitrine, luy donneront une respiration forcée. En un mot, cette impression qui se fera sentir dans le ventre des sujets délicats & trop sensibles, se communiquant encore à la teste, elle luy causera des douleurs, des étourdissemens, & je ne sçay combien d'autres accidens qui ne manqueront pas, si on n'est dans une fort grande attention à suivre un regime qui convienne bien, de s'augmenter de jour en jour, & d'aller à un tel point, qu'on sera contraint de laisser là les alimens maigres.

Mais quand le premier changement qui s'est fait dans la bouche auroit reçu toute sa perfection : quand l'estomac de ceux qui font maigre, auroit parfaitement bien fait toutes ses fonctions : quand toutes celles qui se doivent faire dans les intestins auroient aussi esté telles qu'elles doivent estre ; si la quatriéme alteration qui arrive aux alimens lors qu'ils se mêlent au sang, se fait mal ; comme entr'autres choses, si cette précieuse liqueur qui circule dans les veines & les arteres, n'a pas la force de convertir en sa substance celle qui s'y mêle aprés les repas, ou que cela ne se fasse qu'imparfaitement ; on ne doit pas manquer assurément de tomber dans beaucoup d'incommoditez.

Il n'y a donc personne, à ce qu'on croit, qui ne voye fort bien maintenant, que comme tous ceux en qui les fonctions dont on vient de parler, se font toutes parfaitement bien en même temps, ne tombent pas pour l'ordinaire dans ces incommoditez qui accompagnent si souvent l'usage du maigre ; ceux au contraire en qui les mêmes fonctions sont dans le dérangement, les ont toujours plus ou moins, suivant qu'ils se ménagent bien, ou ne se ménagent pas assez en faisant abstinence.

Il est encore bien aisé d'appercevoir, ce me semble, que si ceux-là soutenus de la bonté de leur temperament, n'ont pas besoin de beaucoup de précautions dans l'usage du maigre, pour conserver leur santé; les derniers en ont un fort grand assurément, d'estre dans une attention infinie pour parer les accidens que ce regime a coutume de produire dans de pareils sujets. Il faut choisir les alimens qui conviennent, les prendre dans des temps & dans des quantitez bien mesurées sur la force qu'on a, on doit les faire apprêter d'une façon qui n'ait rien de contraire à sa constitution. Tout cela est un peu gênant; mais comment faire! Des personnes qui sçavent si bien se contraindre sur tant de choses qui ne le meritent pas, devroient-elles se plaindre de ce petit embarras! Elles n'ont quasi autre chose à faire tous les jours, qu'à ordonner que tout se fasse d'une maniere qui les accommode. Car ceux qui ne sçauroient entrer dans ces détails de ménagemens, ne sont pas pour l'ordinaire ceux qui en ont besoin.

Mais quand toutes ces précautions seroient encore plus incommodes, tout cela ne doit pas durer longtemps : & ceux qui l'ont éprouvé sçavent assez que d'ailleurs on n'est que trop payé de tous ces petits soins par la joye qu'on a dans la suite d'avoir fait son devoir. Et mesme cette joye qui est de la nature de celles qu'il est le plus permis de se procurer, se mesure toujours sur les difficultez qu'il y a de se la donner.

Ce qu'on vient de voir tout presentement, & même ce qu'on a dit dés le commencement de ce Chapitre, fait entrer ce ſemble naturellement dans une reflexion qui eſt d'une aſſez grande conſequence. Que puiſque c'eſt de la bonté des temperamens que dépend la perfection de la ſanté : que ſans cela, la vie devient ennuyeuſe, même au milieu de l'abondance, & parmy toute ſorte de plaiſirs : que ce n'eſt que ſur la force & la bonté de la conſtitution que ſe meſurent les facilitez qu'on a à remplir les devoirs des profeſſions, auſſi bien que ceux de la religion, tels qu'eſt celuy dont on parle; d'où vient donc qu'on les ménage ſi peu ces temperamens, & que comme ſi la vie eſtoit trop longue, ceux même qui paroiſſent ſi éperdûment l'aimer, font tant de choſes pour l'acourcir, ou la rendre ennuyeuſe par mille incommoditez que la conduite qu'ils gardent ne manque jamais de produire de bonne heure?

D'où vient donc que des gens qui ne connoissent peut-estre pas de plus grand malheur que celuy de mourir, ou même de ne se pas bien porter; au lieu d'affermir leur santé par le bon usage de tout ce qui peut rendre une constitution bonne & vigoureuse, semblent ne s'occuper au contraire par un renversement de raison qui ne se conçoit pas, qu'à la ruiner par un dérangement perpetuel de conduite qui useroit des corps de fer? Car c'est ce que font tres certainement tous ces excés où l'on est tous les jours, & qu'on n'oseroit nommer icy, & tant d'autres encore qui pour estre moins honteux, mais toujours indignes de gens raisonnables, n'en sont pas plus permis.

D'où vient donc, pour paſſer des hommes qui ſçavent ſi mal ſe conduire dans une affaire d'où depend le ſalut de l'ame & la vie du corps, aux enfans qui peut-eſtre quelque jour ſe conduiront auſſi mal qu'eux; qu'au lieu d'accoutumer les jeunes gens ſans rien outrer neanmoins, à une vie un peu dure, reglée, ſimple & commune, qui affermiſſe leur ſanté en rendant le tiſſu des parties nobles des corps ferme & ſolide, & le temperament des humeurs difficile à s'alterer; on les fait vivre au contraire d'une façon qui ne fait qu'amolir leur conſtitution.

Qu'au lieu de leur apprendre dans le temps où le corps ſe forme, à ſouffrir un peu le froid & le chaud comme on dit, à manger de tout, parce que tout eſt bon en effet, &

que le corps se fait à tout; on les jette, ces jeunes gens, dans un regime de molesse sur toutes choses, qui leur donne pour toujours une constitution si délicate & si aisée à se déplacer, que ce n'est qu'à force de ménagemens que la plûpart se la conservent, quand on est venu dans un âge plus avancé.

Mais en revenant aux gens du monde, pour vivre autrement qu'on ne fait disent-ils, il faut donc se résoudre à mener une vie perpetuellement gênée & malheureuse, & cela ne se sçauroit faire. Hé bien continuez d'en mener une qui vous paroist plus agreable & plus commode! Mais assurez-vous aussi qu'il vous en coûtera bientôt ce qu'il en a coûté à ceux que vous imitez & qui ont raisonné comme vous; mille incommoditez prématurées, que vous n'auriez jamais euës si vous aviez esté bien sages, & qui aprés vous avoir ôté jusqu'à la liberté de prendre les plaisirs les plus permis & les plus innocens, vous priverõt peutestre encore dequelque chose de plus que vous devinez bien sans doute.

CHAPITRE II.

Des autres causes des accidens qui arrivent à ceux qui font abstinence. Que cela ne vient point des alimens maigres, mais de plusieurs mauvaises manieres qu'on a de s'en servir.

Les accidens dont je viens de parler dans le Chapitre précedent, qui arrivent à ceux qui se mettent au maigre, ne sont pas toujours un effet de la delicatesse des corps de ceux qui le font. Il est au contraire tres assuré qu'ils viennent aussi fort souvent de ce qu'on s'y prend mal d'abord dans l'usage de ces alimens ausquels on n'est point accoutumé ; qu'on choisit mal ceux qui conviennent, y en ayant certainement toujours qui sont de leur nature moins bons que les autres ; & de ce qu'on se charge d'une trop forte quantité de nourriture à chaque repas qu'on fait.

On croit donc que c'est à cela qu'il faut attribuer assez communément les dérangemens de santé où l'on tombe en Carême, & dans tous les autres temps de l'année où l'on se met au maigre.

C'est donc à un regime mal mênagé, qu'on doit attribuer le plus ordinairement, & entr'autres choses, les maux qui surviennent a ceux qui se mettent au maigre, & non pas aux mauvaises qualitez des alimens qu'on prend, comme la plûpart des gens se l'imaginent.

On est persuadé en effet, que bien que ces alimens ne soient pas tous également bons de leur nature, non plus que les gras; ils n'ont pourtant rien de contraire à la constitution de nos corps. De maniere que si quelquefois on leur voit produire de méchans effets, il faut moins attribuer cela aux mauvais principes qui les composent, qu'à quelque autre chose qui ne vient point d'eux precisément; quoique ces sortes d'accidens puissent fort bien venir assez souvent même, de la nature de quelquesuns d'entr'eux, comme on le va dire bien-tost.

Car si cela n'estoit pas de cette maniere, il faudroit donc dire aussi, & on auroit même raison de l'assurer, que le vin qui est un remede merveilleux dans beaucoup de maladies, surtout pour tous ceux qui n'ont point coustume d'en boire; qui est un aliment à ceux qui en usent ordinairement, quand ils n'en prennent qu'avec moderation, & de la maniere qui convient à la nature de leur temperament: il faudroit donc dire, si ce qu'on a avancé n'est pas vray, que parce que le vin produit quelquefois d'étranges effets dans les personnes qui en prennent trop & à contretemps, il a de mauvaises qualitez qui en devroient faire interdire l'usage.

Il faudroit donc dire la même chose des alimens gras qui

paſſent pour bons, & qui le ſont en en effet : c'eſt-à-dire, que parce qu'on leur voit cauſer des dérangemens de ſanté à ceux qui n'y ſont point accoutumez, ou qui les prennent à des heures mal placées, & dans des quantitez mal entenduës ; on concluroit de là qu'ils auroient de mauvaiſes : je veux dire qu'on les regardera comme des eſpeces de poiſons dont la malignité conſiſte en ce qu'ils détruiſent les corps, ou 1° en déchirant les parties ſolides, ou 2°. en épaiſſiſſant tellement la maſſe du ſang & les autres humeurs, qu'elle ne peut plus circuler ; ou 3°, en rendant cette liqueur ſi fluide & ſi déliée, qu'elle ne peut plus ſe rarefier dans le cœur.

Il eſt vray que les alimens maigres ne ſont pas auſſi bons pour

pour la nouriture du corps que les gras, & que comme ils ſont moins remplis d'eſprits, de ſoufres, & de ſels volatiles qu'eux, ils ſont auſſi bien moins propres à ſoutenir la vigueur des temperamens, à entretenir la vivacité des eſprits, & à conſerver l'embonpoint du corps & la force de la ſanté qu'on a, que la viande dõt on a coutume de ſe nourir.

Mais tous ces avantages que les alimens gras ont par deſſus ceux qui ne le ſont pas, ne font point du tout voir que les derniers ne ſont point bons. C'eſt même à cauſe de cela que l'Egliſe, ſans avoir deſſein d'alterer la ſanté des corps, mais ſe ſouciant peu auſſi de conſerver un embonpoint aſſez inutile pour cela, a retranché dans certains temps de l'année, l'uſage des premiers, pour leur en ſubſti-tuer d'autres qui euſſent moins de feu. Elle ſçait que la grandeur de l'emportement des paſſions de l'ame ſe meſurant toujours ſur la vivacité des tẽperamens des corps, la vraie maniere d'en moderer la fougue, c'eſt de corriger l'aigreur de ces temperamens par le moyen des alimens compoſez de principes d'une activité mediocre, & que ce ne pouvoit eſtre que par là veritablement qu'en affoibliſſant la loy des membres, on faiſoit dominer celle de l'eſprit, & qu'on rendoit l'ame la maîtreſſe.

Mais il me ſemble pour moy, que rien ne fait mieux connoître que les alimens maigres ne ſont pas auſſi mauvais qu'on ſe l'imagine, que de voir quantité de perſonnes de l'un & de l'autre ſexe, ſur tout des filles de qualité d'une delicatesse de temperament infinie, sans parler des gens de la campagne qui sont quasi toujours dans ce regime, & qui ne sont presque jamais malades; que de voir, dis-je, ces personnes là, qui aprés s'étre condamnez à une retraite qui doit durer toute leur vie, ne se nourissent jamais d'autre chose que de ces sortes d'alimens.

Aprés avoir attribué ce qui arrive aux uns, à la force de la nature, on dira peutestre qu'on voit presque toujours aussi tomber les autres dans une vie valetudinaire & languissante, & quasi toujours encore mourir assez jeunes; ce qui probablement ne leur arriveroit point s'ils se nourissoient d'alimens gras.

Quand ce qu'on dit là seroit

aussi certainement vray qu'il est incertain qu'il le soit, ou pour mieux dire, qu'il est assuré qu'il ne l'est pas; pourquoy attribuer plutôt ces infirmitez, & ces morts prématurées, à l'usage du maigre, qu'à toutes les mortifications de la retraite? Pourquoy veut-on que ce ne soit pas un effet des veilles de la nuit, des longues meditations qu'on fait, de l'assiduité à la priere, & de tant d'autres choses fatigantes où sont toujours ceux qui se sont condannez à une vie penitente en quitant le monde?

Pourquoy veut-on que ces saints Solitaires * dont l'austérité de vie fait maintenant l'admiration de tous les gens de bien; ce peuple admirable

* Vie des Religieux de la Trape.

de muets qui ne parlent jamais que pour chanter les loüanges de Dieu ; tombent plutôt malades ou meurent plutôt, à cause des alimens maigres dont ils se nourissent, & dont le seul recit étonne les gens du monde, parce que la maniere dont ils se nourissent eux mêmes dans les temps d'abstinence, a quelque chose de délicieux en comparaison de celle dont vivent en tout temps ces bons Solitaires : encore un coup pourquoy veut-on que tous les accidens qui surviennent à ces Religieux, soient plutôt causez par la mauvaise nouriture qu'ils prennent, que par toutes les mortifications étonnantes où ils entrent si genereusement, & qu'il leur seroit impossible de soutenir, si le même esprit qui les conduit dans cette sainte solitude qui est une vraye image de la Jerusalem celeste, s'il y a quelqu'endroit sur la terre où elle se puisse voir, ne les y accompagnoit pas toujours?

Pourquoy veut-on encore que cela ne soit pas un effet de ce silence perpetuel auquel ils se sont condannez en quitant le monde, & qu'ils gardent si religieusement, celuy d'un fatigant repos de quelques heures de la nuit dans un gros & rude cilice & sur une paillasse fort dure, ou du froid des hyvers qui fait toujours beaucoup de mal à des personnes qui ne sont point accoutumées à le soufrir?

Pourquoy veut-on que tous ces accidens, suposé toujours qu'ils soient vrais, ne soient pas l'ouvrage du travail des mains pendant le jour, qui est si fatigamt pour quelques uns d'entr'eux, particulierement dans les grandes chaleurs de l'esté ; & celuy de quatre ou cinq heures de veilles au chœur toutes les nuits?

Que ce ne soit point celuy de cette aplication continuelle à ne point perdre Dieu de vuë: à rejetter ces idées importunes des folies du monde où ils ont vécu & qu'ils ne font que de quiter, qui ne viennent peutestre que trop souvent troubler la tranquilité de leur cœur.

Pourquoy veut-on que cela ne vienne point encore de ce que ces saints Solitaires ont toujours la mort devant les yeux, les égaremens de leur jeunesse dans la memoire, & dans l'esprit les jugemens de

Dieu qu'ils adorent, & qu'ils sçavent bien estre un Juge terrible.

Enfin pourquoy attribuer plutôt aux alimens maigres, quoy que cela puisse en venir quelquefois, la nouriture de ces Religieux estant telle qu'il ne faut rien moins que la faim d'un ouvrier pour y trouver quelque agrément, & que la plûpart ne faisant que de quiter les douceurs du monde, ils n'y sont pas accoutumez: pourquoy, dis-je, attribuera-t-on plutôt aux alimens maigres, la mort précipitée, ou les incommoditez oú tombent ces hommes extraordinaires & comme d'un genre particulier, qu'à ce retranchement general de toutes choses oú ils sont entrez ; qu'à cette separation eternelle oú ils se sont mis à l'égard de tous leurs

amis

amis qu'ils ne reverront plus jamais : qu'à ce renoncement parfait à ſoy même auquel ils ſe ſont condannez pour le reſte de leurs jours.

On eſt dans une ſocieté d'hommes admirables, dira-t-on, & cela conſole & ſoutient. Oui, mais on n'y connoît perſonne. On eſt toujours dans la compagnie de gens de bien, mais on ne ſe parle jamais ; on ſe fait même un ſcrupule de ſe regarder les uns les autres !

O ſi c'eſt là la voye, à propos de cette auſterité de vie où ſont ceux dont nous venons de parler, ſi c'eſt là la voye qui mene à Dieu : ſi ces genereux Chretiens ſont bien ſages de ſe tant preſſer de le chercher, & d'en tant faire pour le trouver & pour aller à luy ! avoüons, & mouronsen de honte, que nous ne sommes tous que des lâches & de vrais insensez, puis qu'estant destinez comme eux à la bienheureuse immortalité ; & esperant aussi d'y voir Dieu dans la societé de ses Saints ; nous ne faisons pourtant presque rien pour meriter ce bonheur inestimable. Il ne faudroit cependant pour y réussir, que se donner une partie des soins qu'on prend pour goûter les faux plaisirs du monde qui ne font autre chose que de mettre ceux qui y usent une vie aussi courte & aussi rapide que la nostre, en estat de ne devoir jamais rien pretendre aux richesses immenses de l'eternité.

Aprés ces moralitez que beaucoup de gens seront sans doute bien aises de voir dans un ouvrage qui regarde la penitence chretienne: que quelques-uns trouveront peutêtre un peu longues : & que d'autres encore seront fort surpris de nous entendre faire , tant on a mauvaise opinion de la Religion des Medecins , comme si lors qu'on en prend le caractere , on perdoit la glorieuse qualité d'estre Chretien , & que l'impieté fût un vice attaché à de certaines professions particulieres , & non pas une imperfection malheureuse qui suit toujours le mauvais cœur des gens : aprés ces moralitez , on revient enfin aux causes d'où procedent fort communément les incommoditez qui surviennent à ceux qui font maigre.

Tous les accidens qui arrivent dans les jours d'abstinence à ceux qui la font, ne pouvant donc pour l'ordinaire estre l'ouvrage des alimens précisement & par eux mêmes, puis qu'ils n'ont rien de mauvais generalement parlant : s'ils ne sont pas d'ailleurs un effet de la délicatesse des temperamens; il faut donc qu'ils viennent, comme on l'a remarqué dés le commencement de ce chapitre, ou de ce que les corps, & particulierement l'estomac de ceux qui entrent dans ce regime, n'y estant point faits, on se ménage trop mal, particulierement sur trois choses.

Premierement, sur le changement des alimens dans lequel on entre, & sur le choix qu'on ne fait pas assez exactement de ceux qui conviennent en remarquant un peu ce qui fait mal, & ce qui n'en fait pas.

Secondement, de ce qu'on se

laisse trop aller à l'usage de quelques uns d'entre ces sortes d'alimens qui sont moins bons que les autres ; tels que sont ceux qu'on marquera cy aprés.

Troisiémement, de ce qu'on fait presque toujours de trop forts repas, sur tout ceux qui joignent le jeûne à l'abstinence de la viande,

Deuxiéme cause de la plûpart des incommoditez qu'ont ceux qui pratiquent l'abstinence.

Tous les changemens qui arrivent contre nature, c'est-à-dire, qui se font trop brusquement à l'égard des choses dont le bon ou le mauvais usage conserve ou gâte la santé, ne manquent presque jamais d'incommoder plus ou moins ceux qui les font. Quand cela n'arrive pas, ce ne peut estre tout au plus qu'à l'égard de ceux qui ont un bon temperament qui estant accoutumé à beaucoup soufrir sans se déplacer, n'a pas besoin de beaucoup de ménagement dãs le regime. Mais c'est ce qu'on ne peut pas dire de la plupart de ceux qui menent dans les estats où la Providence de Dieu les a mis, une vie douce & tranquile.

On est accoutumé, par exemple, à un air chaud ou temperé, d'une pureté fort grande, en un mot tout à fait conforme à la constitution qu'on a : Entre-t-on tout a coup dans un air pesant, grossier, froid, humide? On s'expose par ce changement à mille incommoditez, & on est bienheureux si on en est quitte pour cela.

On menoit une vie douce &

paisible chez soy : On usoit les jours, car il faut faire quelque chose dans la vie, à remplir tranquilement les devoirs de sa Profession, ou dans des occupations qui passoient plutôt pour de petits amusemens permis que pour un travail fatigant ; & les nuits dans un repos d'autant d'heures qu'il en faut pour se bien porter. Passe-t-on dans un estat qui demande des allures toute contraires ? Si on n'y prend bien garde, la santé ne sera pas longtemps sans en souffrir & devenir languissante.

La nature étoit accoutumée à faire de certains dégorgemens d'humeurs qui entretenoient la vigueur de la santé : tout se supprime tout à coup naturellement ou par la force de quelque remede qu'on prend. Le bon temperamẽt qu'on avoit s'ébranle aussitôt , & on devient sujet à des maux qu'on ne connoissoit pas auparavant.

On menoit une vie où les passions de l'ame estoient comme mortes. On avoit le précieux loisir de songer au reglement de ses mœurs , on le mettoit même à profit dans le silence de sa retraite, Quite-t on ce bienheureux repos pour entrer dans une profession où ces passions doivent se mettre en mouvement ? Si l'on ne s'observe de bien prés , on ne manque gueres de se repentir d'avoir quitté les douceurs de la vie qu'on menoit dans le sein de sa famille , la societé de ses amis , & le commerce des gens sages.

La même chose arrive pour l'ordinaire dans le passage qui se fait du gras au maigre. L'estomac est fait à la nourriture du gras ; la maſſe du ſang, toutes les humeurs du corps qui en ſont faites, les levains des parties nobles, tout a pris ſon tour ſur ce regime d'alimens : ſitôt qu'on vient à ſe mettre à un genre de vie tout opposé dans les jours maigres ; dés les premiers repas qu'on fait, ſi l'on ne s'y prend pas comme il faut dans l'uſage de cette nouvelle nourriture à laquelle on n'eſt point accoutumé, la ſanté de bien des gens s'affoiblit ; & la plûpart de ceux qui n'ont qu'une conſtitution paſſablement bonne, ne vont gueres loin ſans tomber dans beaucoup d'incommoditez.

Mais, dit-on peut-eſtre, d'oû vient donc que ces dérangemens arrivent ſi communément à ceux qui ſe mettent au maigre ? Car s'il eſt vray, comme on le prétend, que cette nourriture n'ait rien de mauvais, il semble qu'elle devroit produire des effets tout autres que ceux qu'on luy voit causer. C'est-à-dire en un mot, qu'on ne devroit pas même s'apercevoir du changement d'alimens qui se fait quand on passe du gras au maigre en Carême, dans l'Avent, & les autres jours d'abstinence.

Je l'ay déja dit plus d'une fois, mais peut-estre aussi qu'on ne sçauroit trop le dire. Je suis persuadé que la mauvaise maniere dont on s'y prend quand on change d'alimens, contribuë plus que toute autre chose, à donner toutes les incommoditez qu'on a dans ces temps-là. On ne veut point s'assujetir à se faire apprester le maigre qu'on prend, d'une certaine façon qui convienne au temperament qu'on a. On ne veut pas même ſe réduire à l'uſage des alimens qu'on ſçait eſtre bons par l'obſervation qu'on a faite qu'on ne s'eſt point trouvé mal d'en avoir mangé : & ces ſeules fautes-là ne ſont que trop ſuffiſantes pour produire la plûpart des incommoditez dont on ſe plaint.

Troiſiéme cauſe d'où viennent pluſieurs des accidens qui arrivent dans l'uſage du maigre.

La troiſiéme cauſe d'où procedent encore preſque tous les accidens qui ſurviennent à ceux qui pratiquent l'abſtinence, vient auſſi tres ſouvent de ce qu'on ne ſe ménage point ſur l'uſage des alimens maigres qui ſont contraires à la ſanté qu'on a. Combien de perſonnes en effet y a-t-il, qui n'ont pas le courage de s'abſtenir de l'uſage des mets qu'ils ſçavent par mille experiences qu'ils en ont faites, leur eſtre entierement nuiſibles.

Il eſt cependant bien probable que par le retranchement de cette nourriture on éviteroit au moins une bonne partie des accidens dans leſquels on tombe faute de cette ſage précaution ; & que ceux qui arriveroient neceſſairement, ſeroient toujours moins preſſans. Mais bien loin qu'on veüille ſe reduire à ces petits ſoins, ceux qui ſe plaignent le plus des mauvais effets que cauſe le maigre, ſont fort ſouvent les premiers à ne prendre aucunes meſures pour le faire d'une façon qu'ils n'en reſſentent aucun mal.

Qui eſt-ce, par exemple, qui prenne quelque précaution ſur l'uſage du beurre dans lequel on fait presque toujours nâger tout ce qu'on mange, sans quoy on ne trouveroit goût à rien ? Et on s'étonne aprés cela, d'avoir des maux de cœur ou envies de vomir perpetuelles, & de ce qu'on tombe dans des vomissemens qui vont quelquefois jusqu'au sang ! Et moy je serois fort surpris si tout cela n'arrivoit pas.

Qui est-ce qui garde quelques mesures sur l'usage & la maniere de faire les soupes qu'on appelle de purée, aux pois, aux féves, aux lentilles, & qu'on ne trouve bonnes ordinairement qu'à proportion qu'elles sont bien épaisses, pour me servir des termes, & qu'il y a encor avec cela beaucoup de beurre ? Et on est tout surpris d'avoir des maux d'estomac & de ventre, des coliques de toutes manieres, des maux de teste, des dormirs inquiets & pleins de visions fatigantes ! Hé ne faudroit-il pas s'étonner au contraire, si tout cela ne se faisoit point.

Se ménage-t-on sur l'usage des alimens salez, des étuvées de haut goût, comme on dit, toujours bien épicées & où l'on n'oublie pas de mettre force champignons pour l'ordinaire ; ce qui fait qu'on est obligé de se donner toutes les aprés-dînées des especes de question, par la quantité d'eau qu'il faut boire pour éteindre la cruelle soif que ces mets ne manquent jamais de causer ? Et l'on se plaindra d'avoir des gonflemens d'estomac & de ventre qui font crever !

Se ménage-t-on mieux encore sur l'usage des salades qu'on mêle si mal à propos tous les jours avec toute sorte de laitages, les boüillies, les gruaux, le riz : sur les fromages acides dont on mange avec excés? Et on crie qu'on a des indigestions, des pesanteurs d'estomac & de ventre, & je ne sçay combien d'autres incommoditez ! Comme si on ne faisoit pas precisément tout ce qu'il faut pour ne pas manquer de se les donner toutes.

Cependant on est comme assuré que ce n'est que, sinon dans le retranchement entier, au moins dans l'usage moderé de ces sortes d'alimens ; qu'on se met à couvert de la plûpart des maux qu'ont ceux qui font maigre. Car quoique, pour demeurer toujours dans mes principes, il soit certain que ces alimens n'ayent rien de mauvais, bien qu'ils soient moins bons que les gras, & même que ne le sont quelques-uns qui ſont maigres comme eux ; il ne l'eſt pas moins auſſi, qu'ils ont quelque choſe ſinon de contraire, au moins de peu conforme à la conſtitution de ceux qui ont coutume de ſe ménager beaucoup dans le gras, & qu'ils les incommodent preſque toujours.

Mais ſi on retranche, dira quelqu'un, ces ſortes d'alimens qui ne laiſſent pas d'avoir leur agrément, & de faire même la meilleure partie de ceux où l'on trouve quelque goût dans les jours maigres ; que ſera-ce donc que la vie des temps où l'abſtinence doit eſtre gardée,

Pour répondre à cette belle queſtion, ce ſera celle, ſinon d'un Chretien qui ſe fait violence pour obſerver les commandemens de l'Egliſe, & qui ſçait ſe refuſer dans les temps de penitence, juſqu'aux choſes qui flatent

flatent le goût ; au moins celle d'une perſonne ſage, qui s'abſtient de tout ce qu'elle connoît devoir l'incommoder. Et il me ſemble qu'on eſt bien payé en pluſieurs manieres des petites violences qu'on ſe fait ſur cela.

Pour ne rien oublier, il faut maintenant répondre à ceux qui nous ont dit ſi haut il n'y a qu'un moment, que s'il eſtoit auſſi conſtant que je veux le faire croire, que le maigre n'eût abſolument rien de mauvais ; on ne luy verroit pas cauſer toutes les incommoditez qu'il donne à ceux qui s'y mettent, mais qu'il produiroit des effets tout contraires.

En deux mots, quand on dit que bien loin que les alimens maigres n'ayent par eux-mêmes rien de contraire à la ſanté, ils ſont tous bons de leur nature generalement parlant ; on n'a point eu dessein d'assurer ni de persuader à personne, qu'ils convinssent en particulier à toutes sortes de gens. Ce seroit une idée tout a fait contraire aux principes qu'on a, & peu conforme encore à ce que je sçay fort bien qui se passe sur cela. Mais on est bien bon de s'imaginer ainsi, que parce que quelque chose est bonne de sa nature, cela suffise precisément pour pouvoir dire qu'elle ne doive jamais faire mal à personne.

Et à propos de ces divers effets que produisent les mêmes alimens non seulemenr dans differentes personnes, mais encore assez souvent dans les mêmes sujets en differens temps ; il me semble que ce peut estre icy naturellement l'endroit de répondre encore comme en passant seulement, à la question qu'on nous fait si communément dans le monde : si tels & tels alimens sont bons, ou ne le sont pas : si on peut manger de certaines choses, ou si on doit s'en abstenir.

Il est bien aisé de dire, même assez precisément, si on a les lumieres qu'on doit avoir, ce que les choses sont en elles-mêmes ; & sur la connoissance qu'on a de leur nature, marquer encore les effets qu'elles doivent causer, suposant toujours qu'il n'y ait rien de la part des corps qui détourne l'action que ces choses doivent produire naturellement. Mais comme les temperamens sont infinis dans leurs differences : qu'il y a autant de bizarrerie sur cela que sur les inclinations du cœur, & la phisionomie des viſages ; comment pourroit-on déterminer auſſi juſte qu'on le voudroit, l'effet des alimens qu'on prend : en ſorte que le jugement qu'on auroit fait ſur l'action qu'ils doivent produire ſe trouvât toujours tres juſte.

Il y a plus, comme on vient de le dire. Cette inégalité d'action des alimens ſe rencontre encore fort ſouvent dans les mêmes perſonnes de jour à autre. Car comme il y a une variation perpetuelle dans la conſtitution des corps, parce qu'une infinité de choſes exterieures déplacent ſans ceſſe plus ou moins les temperamens ; il ne faut pas s'étonner ſi les mêmes choſes, quelque bonnes qu'elles ſoient, & toujours les mêmes de leur nature ; ne laiſſent pas de cauſer des effets tout à fait differens en divers temps & de jour à autre, sur tout quand les sujets sont d'une delicatesse de santé si grande, qu'un rien, pour ainsi dire, est capable de l'alterer.

Quatriéme cause qui produit la plûpart des accidens qu'ont ceux qui font maigre.

ENfin, la quatriéme & derniere cause d'où procedent encore assez souvent les incommodités qui arrivent à quelques-uns de ceux qui font abstinence; c'est comme on l'a déja marqué, la quantité d'alimens qu'on prend presque toujours mal mesurée & sur la capacité ou grandeur de l'estomac, & sur la force qu'il a de faire la digestion de ces sortes d'alimens.

C'est une faute où tombent

tres souvent même ceux qui joignent le jeûne à l'abstinence de la viande. Car comme les repas qu'ils font sont écartés les uns des autres, n'y ayant qu'une legere colation les soirs, quand on veut jeûner un peu regulierement ; ils ne manquent pas d'avoir bon apetit tous les jours à midi : ce qui fait qu'alors il semble qu'on veüille dédommager la nature de ce qu'on luy fera perdre le soir ; c'est-à-dire qu'on mange le plus qu'on peut. Il y en a même qui dans ces tems-là, se font servir à midi les mets qui feroient le soupé d'un jour de simple abstinence ; c'est-à-dire encore qu'ils mettent les deux repas en un. Comme si dans les regles d'une morale bien chrétienne, le repas qu'on se refuse les soirs des jours de jeûne, ne devoit pas faire ces jours-là, le dîné de quelques pauvres.

C'est assurément une tres-mauvaise pratique, & je crois qu'il vaudroit beaucoup mieux manger un peu moins tous les midis, & un peu plus les soirs à la colation, que de surcharger l'estomac toutes les vingt-quatre heures d'une maniere qui n'est point naturelle. Car cela ne se sçauroit faire sans que la santé en souffre en mille manieres differentes, que je ne marquerai pas de peur d'ennuier.

Je crois même que le regime qu'on propose n'a rien de contraire à l'esprit de l'Eglise, puisque se ménageant ainsi un peu plus sur ces repas, on n'auroit autre chose en vuë que de se conserver dans l'état de santé dont on a besoin pour continuer l'abstinence aussi long-tems qu'il le faut, & même d'y joindre un jeûne aussi regulier qu'on est capable de faire. Au lieu qu'accablant l'estomac d'alimens ausquels il n'est point acoutumé, on s'expose à ne pas être long-tems sans se voir forcé par les incommoditez qui viennent, de quitter & l'abstinence & le jeûne, pour se remettre au regime ordinaire du gras.

Il n'est donc pas moins essentiel à ceux qui veulent éviter les accidens que causent les alimens maigres, de se ménager beaucoup sur la quantité qu'on en doit prendre à chaque repas qu'on fait, que sur le choix de ceux qui conviennent, & l'éloignement de ceux qui ne conviennent pas. Ce n'a été aussi qu'en suivant ce regime, & en se ménageant exactement sur tout cela, qu'un Gentil-

Gentilhomme de Normandie qui a été reduit au maigre pendant prés de deux ans, aprés une maladie tres-dangereuse; n'a point vû sa santé alterée par un usage si long de cette nourriture. On sera peut-être bien aise de sçavoir ce fait: le voici en peu de mots, & c'est par où je vais finir cette seconde partie.

Monsieur de R. tomba il y a quelques années dans une maladie considerable. Il s'en tira heureusement; mais il luy en resta un dégoût si grand pour toute sorte de viandes, qu'il ne pouvoit pas seulement en sentir l'odeur sans que cela luy fît beaucoup de peine. Comme ces sortes d'accidens marquent toujours un renversement de la nature, & sur tout un grand changement dans l'estomac dont le levain qui doit faire la digestion des alimens, est devenu d'un caractere vicieux ; on fit tous les remedes imaginables pour faire rentrer le temperament dans sa situation. Tout fut inutile.

Enfin je conseillé à ce Gentilhomme l'usage des eaux ferrées comme l'unique remede qui pouvoit faire revenir le goût de la viande qu'il avoit perdu. Il me crut, & ne manqua pas de se rendre aux sources de Forges qui sont dans son voisinage, vers le mois d'Aoust de l'année 1699. Aprés quelques remedes qu'il falut faire pour se preparer à boire, il prit les eaux avec beaucoup de regularité tant il avoit envie de guerir. Aussi fut-il bien payé de sa docilité à faire exactement ce qu'on luy conseilloit. Car vers la fin de 18. ou 20. jours qu'il but de ces eaux minerales, le goût de la viande luy revint entierement ; & il nous a mandé il n'y a pas long-tems, que surcela, sa santé est tout-à-fait rétablie.

Naturellement & dans l'idée qu'on a des mauvaises qualitez des alimens maigres, la necessité où ce Gentilhomme avoit été depuis deux ans, de ne vivre d'autre chose, comme on l'a dit ; ne devoit pas contribuer à son rétablissement; ce regime devoit causer des effets tout contraires. Cependant sa santé s'étoit assez bien rétablie d'ailleurs ; & il ne paroissoit point du tout qu'il en fût reduit au désagrément ennuieux de faire un si long Carême. Il est vrai qu'il gardoit des mesures infinies dans l'usage des alimens qu'il prenoit; & c'est sans doute à ce ménagement, qu'il faut attribuer ce qu'on luy trouvoit d'enbon-point.

TROISIÉME PARTIE DU TRAITÉ

TOUCHANT LE REGIME qui rend l'Abstinence aisée ou moins difficile à pratiquer.

CHAPITRE PREMIER.

Du dessein de cette troisiéme Partie.

ENFIN nous voilà arrivez à l'endroit essentiel de l'ouvrage qu'on a entrepris; je veux dire à la troisiéme partie de ce Livre, où l'on doit regler un regime d'alimens avec lequel on puisse prévenir ou rendre moins sensibles, les incommoditez qui arrivent à ceux qui font maigre en Carêm, en Avent, quand on a la pieté d'y pratiquer l'abstinence, & dans tous les jours de l'année où elle est d'obligation. Sans cela on pourroit dire que ce que j'ai fait jusques ici ne répondroit pas à l'idée que j'ay donnée de cet Ouvrage.

Car comme il ne suffit pas à un Medecin de bien entendre la nature d'une maladie, d'en voir tous les accidens, d'en démêler précisément les causes ; si aprés cela connoissant bien la vertu des Drogues ou Ingrediens en particulier, on ne sçait composer de bons remedes par l'assemblage de ce qu'il y a de meilleurs specifiques pour chaque maladie, qui rendent la santé, en détruisant la cause du mal : de même on auroit fait peu de chose, si aprés avoir marqué les principaux accidens qui arrivent à ceux qui font maigre, & les causes les plus communes d'où cela procede; on ne donnoit pas le moyen de prévenir ces incommoditez, ou de les rendre beaucoup moins sensibles. C'est donc ce que j'essayerai de faire dans le reste de cet ouvrage par un regime d'alimens maigres, qu'on y va prescrire à ceux qui font abstinence. Si je suis assez heureux pour réussir dans ce dessein; on pourra dire que j'aurai fait quelque chose de fort utile pour le Public.

Au reste, je n'ai pas cru qu'il fût necessaire de m'atacher dans cette troisiéme Partie, à traiter dans des chapitres separez, de ce qu'il y auroit à faire à l'égard de chaque cause à laquelle on atribuë la plûpart des incommoditez du maigre, pour prévenir ou rendre plus suportables ces sortes d'accidens. Outre qu'on a déja touché à tout cela ; ç'auroit esté un détail qui auroit paru un peu long. D'ailleurs on a esté comme assuré qu'il auroit esté assez inutile.

En effet, comme les quatre causes ausquelles nous avons attribué toutes les incommoditez qu'ont ceux qui font maigre, produisent toutes les mêmes effets : & comme il est encore assuré que les précautions qu'il faut prendre pour éviter les maux qui surviennent à ceux qui sont d'un temperament delicat, sont precisément les mêmes que celles qu'il faut avoir pour se mettre à couvert de ceux que cause le peu d'application qu'on a à se choisir parmy les alimens maigres ceux qui conviennent, & à s'abstenir de ceux qui sont moins bons que les autres, ou ne conviennent pas, &c; quand on aura reglé un regime qui détruise ou affoiblisse une de ces causes, on aura en même temps donné le moyen de détruire les autres, ou d'en moderer la force ; & par consequent celuy de prévenir ou corriger les dérangemens de santé qu'elles ont coutume de produire.

On ne doit pas s'attendre non plus que le regime qu'on va regler, & qui ne sera point pour ceux qui ayant un bon temperament, menent une vie simple ; parce que le maigre ne les incommode presque jamais : non plus que pour ceux qui n'ont pas les commoditez de le mettre en pratique, puisque dans le même temps qu'ils sont dans l'impuissance de faire le choix de leurs alimens, & de les faire apprêter d'une certaine façon particuliere ; ils joüissent aussi d'une santé qui les met en état de ne s'en point soucier : On ne doit point, dis-je , s'attendre que ce regime contienne des préparations qui rendent ces alimens délicieux à manger ; en sorte qu'on soit comme dédommagé par là , du desagrément qu'on a de quiter le gras.

L'intention de l'Eglise n'est pas de faire du temps de l'abstinence & du jeûne, des jours d'intemperance & de bonne chere, en toute sorte d'alimens maigres ; de maniere que toute la mortification qu'il y auroit , seroit uniquement renfermée dans le changement de la nourriture , & point du tout dans le retranchement de la quantité des differens mets qu'on peut se faire servir à ses repas, non plus que dans la maniere simple de se les faire accommoder.

D'ailleurs je suis tres assuré que la multiplicité des mets, tant de ceux qui sont gras, que de ceux qui ne le sont point ; non plus encore que ces rafinemens sur les manieres de les faire apprêter d'une façon qui flate le goût jusqu'à les faire manger souvent, sans qu'on en ait besoin ; n'est pas une voye aussi sure qu'on le croit, pour conserver la santé qu'on a, pour prévenir les maladies, & pour faire les fondemens d'une vie longue. La nature se contente de bien peu de chose, elle aime la simplicité, & non pas qu'on la surcharge de tant de choses, & qu'on la trompe, pour ainsi dire, par tous ces apprêts si fort étudiez, qui sont de vrais déguisemens qui l'empêchent souvent de s'apercevoir que les présens qu'on luy fait, luy sont tout à fait contraires.

Mais il est temps de parler tout de bon du regime dont on a promis de donner une idée. Pour le faire donc; cõme la nouriture des jours maigres, de même que celle des temps où l'on fait gras, comprend trois sortes d'alimens, les potages, les mets qu'on sert en suite, & les desserts; on parlera de tout cela aussi dans des chapitres separez, & avec autant de simplicité qu'on le doit, afin que tout le monde nous entende bien; & assez au long encore pour apprendre à bien des gens, ce qu'ils ne sçavent peutestre pas: évitant toujours si cela se peut, de tomber dans le defaut de rien dire d'inutile.

CHAPITRE II.

Des differens potages dont on a coutume de manger dans les jours d'abstinence; & premierement des purées de pois, de fèves, & de lentilles.

LES premiers mets qu'on sert ordinairement sur les tables, bonnes, communes ou mouvaises, à la ville & à la campagne; sont les potages. C'est toujours par cette sorte d'aliment que commencent les dînés des jours gras, aussi bien que ceux des maigres. Il y a même dans les villes, des familles qui en mangent les soirs; & c'est ce qui se pratique encore assez communément dans quelques provinces.

Bien loin de trouver rien à

redire à cette ſorte de regime, & de deſaprouver l'uſage commun de cét aliment auquel la nature eſt tellement accoutumée, qu'il sembleroit que les repas des midis ſeroient imparfaits, ſi on ne commençoit pas par là ; je ſuis tres convaincu au contraire, que c'eſt une des meilleures nourritures qu'on puiſſe prendre dans quelque temps que ce ſoit. C'eſt auſſi pour cela qu'on l'ordonne par preference à toute autre, pour rétablir la ſanté des convaleſcens.

Des Potages qu'on appelle ordinairement purées.

Le plus commun de tous les potages qui ſe ſervent dans les jours maigres, particulierement en Carême, quoy que peut-eſtre pour la ſanté il ſoit le moins bon de tous ceux dont on puisse manger ; c'est celuy qui se fait de differens legumes & qu'on appelle communément, la soupe de purée de pois, de féves, ou de lentilles. Il n'y a presque point de tables où l'on n'en voye servir, & la plûpart de ceux qui vivent simplement, en mangent presque tous les jours. C'est même quelquefois le morceau du repas qu'on estime le plus.

Quoique ce mets n'ait rien de mauvais de sa nature, & que les personnes d'une bonne santé & qui pour l'ordinaire vivent sans façon dans le choix des alimens, puissent en user aussi souvent qu'il leur plaira, & le prendre de la maniere qui leur agréera le plus ; il est certain neanmoins que ces sortes de soupes sont plus ou moins contraires à la constitution de beaucoup de personnes. De maniere donc qu'on pourra fort bien leur attribuer au moins quelques-uns des accidens qui arrivent souvent à ceux que le maigre incommode.

Qui doute en effet que ces sortes de potages, de la maniere dont on les fait sur tout, ne soient pas, sinon tout à fait contraires, au moins assez peu convenables à ceux qui seroient d'une mediocre santé, & qui même dans les jours gras, se voyent obligez de vivre dans quelque sorte de regime & d'une maniere ménagée.

Qui doute encore que ces soupes ne puissent incommoder plus ou moins ceux qui seroient sujets à quelques maux de teste ou à des migraines, à ce qu'on appelle maintenant vapeurs, & à des étourdissemens. Qu'elles n'ayent au moins

moins quelque chose de contraire à la constitution de ceux à qui peu de chose quelquefois pourroit donner la colique; qui auroient l'estomac si foible, que le moindre excés qui se commettroit sur la quantité des alimens, quand d'ailleurs ils seroient des meilleurs en leur genre, seroit capable de leur causer des pesanteurs & des gonflemens d'estomac & de ventre, des indigestions, des maux de cœur ou envies de vomir, & quelquefois même des vomissemens.

Il n'y a donc point à raisonner beaucoup pour sçavoir ce que ces personnes-là doivent faire à l'égard de l'usage de ces mets. Suivant les degrez de la delicatesse de leur constitution, & les observations qu'on aura faites des differens effets qu'ils ont produit toutes les fois qu'on en aura mangé ; il faut ou se les interdire entierement, si on veut continuer l'usage du maigre, & ne pas s'exposer à tomber malade ; ou en moderer le frequent usage.

Il y a encore une chose à observer à ceux qui ne feront que retrancher le trop frequent usage de ces purées, parce que les incommoditez qu'ils en reçoivent, ne sont pas une raison assez puissante pour les obliger à se priver entierement du plaisir d'en manger, au moins quelquefois ; c'est de se les faire accommoder d'une maniere toute differente de celle dont on a coutume de les apprêter. Et sur cela, il faut estre assez sage pour avoir moins d'égard à l'agrément & au plaisir qu'on pourroit trouver à manger ces potages faits d'une certaine façon qui flate le goût ; qu'aux effets fâcheux qu'on sçait par l'experience qu'on en fait tous les jours, qu'ils ont coutume de causer.

Dans la plûpart des familles, comme on l'a déja dit, on n'estime les purées de pois, de féves, & celle qui se fait de lentilles, qui est peut-estre pour le dire ici une fois pour toujours, la meilleure, c'est à dire, la plus saine des trois ; qu'à proportion qu'elles sont bien épaisses, & même qu'il y a beaucoup de beurre. Sans ces agrémens on n'estime point ces potages. Cependant c'est assurément le bien mal entendre ; car il est impossible que les soupes aux legumes faites de cette maniere, si avec cela on en mange souvent & beaucoup à chaque fois ; ne fassent tomber dans plusieurs incommoditez. C'est aussi ce qu'on voit arriver tous les jours.

Il faut donc que ceux qui font abstinence, suivant qu'ils se sentiront d'une constitution plus ou moins bonne, se conduisent avec plus ou moins de ménagement dans l'usage de ces purées. C'est à dire, pour le dire encore une fois, qu'ils doivent ou s'en abstenir entierement, si elles ont coutume de leur causer des maux considerables; ou si elles ne les incommodent que legerement, en retrancher au moins l'usage trop commun, & se ménager beaucoup sur les quantitez qu'ils en doivent prendre dans chaque repas.

Il faut encore que ces personnes-là ayent un grand soin de se faire servir ces soupes plus liquides ou plus coulantes, en se contentant de la premiere purée, ou de l'eau seule où l'on aura fait cuire les legumes; & qu'avec cela elles soient moins chargées de beurre qu'elles n'ont coutume d'estre. C'est le vray moyen d'éviter beaucoup d'accidens que la façon toute contraire de les apprêter, a coutume de produire; comme des maux de cœur ou des vomissemens, des gonflemens d'estomac & de ventre, par la difficulté qu'elles ont à passer; des coliques venteuses, des embarras de mezentere &c. par la difficulté qu'elles trouvent encore à se porter dans la masse du sang par les veines lactées.

Il ne faut pas manquer encore d'animer ces purées par quelques-unes ou plusieurs de nos plantes aromatiques; soit que cela se fasse lors qu'on fait cuire les legumes dont elles se sont ; ou aprés les avoir passez. Entre toutes celles qui ont une odeur douce & agreable, & qui sont excellentes pour cela ; nous avons le laurier, la sariete, le basilic, le fenoüil, l'anis, &c. Les sels & les soufres volatiles de ces plantes, corrigent d'une maniere fort naturelle, ce qu'il y a de grossier dans toute la substance de ces legumes.

Des Potages de Gruau, & particulierement de celuy d'avoine.

En conseillant à ceux que les purées de legumes incommodent beaucoup, de s'en abstenir tout à fait, & aux personnes à qui elles ne font que peu de mal, d'en retrancher le trop frequent usage, & de prendre quelques mesures outre cela, pour les faire apprêter d'une maniere qui les rende plus saines qu'elles n'ont coutume d'estre de la façon dont on les fait ; on embarasseroit fort les gens, si en même temps on ne leur donnoit pas d'autres potages qui leur convinsent mieux. Car enfin il faut de ces sortes d'alimens à midy, & on a raison d'en vouloir, puisque c'est une fort bonne nourriture.

Une des meilleures soupes dont on puisse conseiller à presque tout le monde de manger à la place des purées de pois, de féves, ou de lentilles ; c'est celle qui se fait avec ce qu'on appelle Gruau d'avoine. Il y en a peut-estre en maigre, de plus agreable au goût, & même si on le veut, de plus nourrissante; mais je doute fort qu'il s'en fasse de plus saine, ny qui convienne mieux á tous ceux dont la santé a besoin de précautions dans le regime & le choix des alimens. Il seroit donc à souhaiter que le goût de ceux qui se mettent au maigre, pût s'y faire. Mais pourquoy ne s'y feroit-il pas ? puisque bien loin que cét aliment ait rien de dégoûtant pour peu qu'on sçache l'apprêter, ce qui est une chose où assurément il n'est pas difficile de réussir ; on le trouve insensiblement fort agreable à prendre, sur tout quand le Gruau se trouve bien choisi.

Aussi cõnoît-on des personnes d'une constitution assez mauvaise, & qui sont d'ailleurs assez difficiles au manger; qui se font servir de ces potages tous les jours de Carême, sans même s'en dégoûter. Ils se sont arrêtez à ce genre de vie, parce qu'ils ont connu que c'étoit le meilleur de tous ; que les autres soupes maigres leur cau-

soient

soient souvent plusieurs incommoditez fâcheuses, au lieu que celles de gruau rendoient moins sensibles les maux ausquels ils estoient sujets.

Tout le monde sçait que le gruau d'avoine n'est autre chose que la farine de la graine de cette plante qu'on fait moudre à un moulin fait exprés pour cela, aprés que cette graine a asté sechée au four ou au soleil. Cette farine est fort grossiere, parce qu'on n'en oste que le son le plus gros, sans même se servir de bluteau pour cela.

Le gruau d'avoine qu'on estime le plus, & qui est en effet le meilleur, est celuy qui vient de Bretagne ; il ne sert pas seulement à faire des Tisannes & les potages dont nous parlons, qui pour ne pas estre des plus nourissans, pour le repeter encore, ne laissent pas d'estre fort sains; on en fait encore des boüillies, dont je parleray peut-estre dans un autre endroit, qui sont tout-à-fait bonnes à la santé de beaucoup de personnes. Elles sont propres aussi bien que ces soupes cy, dans les enroûmens & la toux, les catarres, pour les poitrines delicates & échauffées; en un mot, dans toutes les maladies où il faut corriger l'acrimonie des humeurs.

Il y a plusieurs manieres de faire les potages au gruau d'avoine; car il faut entrer dans cesdétails enfaveur deceuxqui en ont besoin, & ceux à qui celà est inutile, ne doivent pas le trouver mauvais. La plus commune, & qui d'ailleurs est tres bonne, n'est pas fort mysterieuse ny embarassante.

On fait boüillir certaine quantité d'eau dans un pot de terre ; on y jette quelques cueillerées de gruau plus ou moins: quand cette farine est cuite, on aprend bientôt en combien de temps cela se peut faire ; on la passe par un tamis fait pour cela : on fait boüillir derechef toute la liqueur qu'on a passée: on y adjoûte autant de lait qu'il en faut, un peu de beurre, s'il n'est point contraire à ceux pour qui cette soupe s'aprête, du sucre, du sel : on luy donne même une petite teinture de safran, si on le veut. Enfin on jette tout ce mélange sur de bon pain, & on fait un peu mitonner le tout ensemble.

Si on vouloit rendre cette soupe plus nourissante, il ne faudroit qu'ajoûter au gruau qu'on jette dans l'eau qui boût, ce qu'on voudroit de riz, ou quelques jaunes d'œufs, ſi on eſt dans des jours d'abſtinence & de jeûne où il ſoit permis d'en manger.

Des Potages au lait d'Amandes.

Il y a une ſorte de ſoupe dont on peut encore conſeiller hardiment l'uſage dans les jours maigres, à preſque tous ceux qui pratiquent l'abſtinence ; c'eſt celle qui ſe fait avec le lait des amandes douces

Outre qu'elle eſt fort agreable au goût, quelque ſimplement aprêtée qu'elle ſoit ; il eſt certain de plus qu'elle eſt fort nouriſſante, & que c'eſt un tres bon aliment pour toutes ſortes de perſonnes, d'âges & de temperamens.

Ainſi tous ceux qui ne peuvent s'accommoder des purées aux legumes, parce qu'ils ne les aiment pas, ou qui doivent ſe priver d'en manger, parce qu'elles les incommodent toujours beaucoup ; ou enfin qui ſont obligez d'en uſer moins frequemment à cauſe qu'elles leur font toujours un peu de mal ; toutes ces perſonnes là ne ſçauroient mieux faire que d'uſer de potages faits avec le lait des amandes. Bien loin que ces ſortes de ſoupes cauſent les mauvais effets qu'ont coutume de produire celles dont on veut s'abſtenir tout à fait, ou dont on veut moderer le frequent uſage ; elles en produiſent ordinairement de tout contraires : c'eſt-à-dire qu'elles ſoulagent ceux qui en uſent, des incommoditez qu'ils ont , & qu'elles préviennent les maux ausquels on se trouve sujet.

En effet pour dire icy quelque chose en deux mots des bonnes qualitez des amandes douces , cette sorte de fruit n'est pas seulement fort nourrissant , comme ôn vient de le marquer, & une espece d'aliment qui convient en beaucoup d'occasions ; les amandes douces sont encor un remede tres bon & tres innocent en même temps pour beaucoup d'incommoditez. Comme elles corrigent les acretez vicieuses de toutes les humeurs du corps, elles humectent & rafraichissent. Les remedes qu'on en fait comme les emulsions , procurent le sommeil, appaisent la toux , conviennent aux maladies des reins, à celles de la poitrine, aux douleurs qu'on ſent, aux chaleurs des fievres ardentes : en un mot on s'en ſert avec ſuccès dans toutes les occaſions où il faut humecter & rafraîchir, temperer ou amortir l'acreté des ſels de la maſſe du ſang & des autres humeurs.

Il y a pluſieurs manieres de faire les potages dont nous parlons ; mais on laiſſe celles où il y a trop de façon, aux cuiſiniers de ceux qui veulent toujours trouver du delicieux dans tout ce qu'on leur prepare. On fait tout ce qu'on peut imaginer pour ſatisfaire leur goût ſur cela : & il me ſemble auſſi qu'à force de s'y exercer, on a trouvé le vray moyen de gâter quelquefois les meilleures choſes en leur ôtant leur ſimplicité naturelle, & de faire paſſer pour bonnes celles qui ſont tout à fait contraires à la santé, Mais ce n'est pas de quoy il s'agit icy.

Comme ceux qui veulent garder l'abstinence dans un veritable esprit de pieté, ne cherchent qu'un regime simple & naturel qui l'a leur fasse faire regulierement, sans que leur santé en soufre trop, si cela se peut; on n'a aussi d'autre dessein que d'en conseiller un qui soit aisé à pratiquer & qui se trouve à la portée de tout le monde.

La maniere donc la plus simple & même la plus naturelle dont on croit que l'on puisse faire les potages aux amandes, c'est celle-cy. Car il vaut mieux ennuyer peut estre un moment beaucoup de personnes qui pourroient sçavoir ce détail, ou qui n'en ont pas besoin, que de risquer à manquer de l'aprendre à quelqu un qui ne le sçauroit pas.

On pele les amandes douces aprés les avoir fait tremper vingt-quatre heures dans de l'eau ; ou pour avoir plutôt fait, aprés les avoir jettées dans de l'eau chaude : on broye bien exactement dans un mortier de marbre ce qu'on veut de ce fruit, suivant la quantité de la liqueur dont on a besoin, y mêlant si on veut un petit morceau de pain blanc rassis : on verse sur cette espece de pâte d'amandes bien pillées, de l'eau chaude, qu'on oste de dessus ces amandes aprés qu'elle en a pris le lait, ou en la versant dans quelque vaisseau particulier par inclination, ou en la passant par l'étamine ou le sas: on verse d'autre eau sur le même marc d'amandes on mêle ce lait avec le premier. Si on veut, on fait une troisiéme teinture en mettant encore de l'eau sur le même marc Enfin on fait boüillir dans un pot toute cette eau amandée; on y met le sel qu'il faut, du sucre, autant de lait de vache qu'on le juge à propos ; on luy donne même une petite teinture de Safran, si on veut; & on fait une soupe mitonnée. Voilà toute la ceremonie qu'il faut apporter pour faire les potages aux amandes, qui sont toujours de bon goût, pour peu qu'on ait d'apetit, & fort sains en même temps.

Des Potage au Lait.

Les potages au lait ne sont pas moins agreables ny moins bons que ceux dont on vient de conseiller l'usage aux perſonnes qui font maigre. Le lait de vache n'eſt pas ſeulement de ſa nature un aliment fort nouriſſant, ſur tout dans les temps où les herbes ont toute leur force, c'eſt encore un remede à beaucoup d'incommoditez. Il humecte, il rafraîchit & tempere par la ſeroſité qu'il contient. Il nourit & repare par la partie fromageuſe & le beurre qu'il a. Toutes ces qualitez avantageuſes qu'a le lait, me font étonner de ce qu'il ne ſoit pas plus en uſage qu'il eſt. Mais nous ſommes tellement faits, que nous ne faiſons pas grand cas de toût ce qu'il nous eſt aiſé d'avoir. Nous n'eſtimons au contraire les choſes qu'à proportion des difficultez qu'il y a de ſe les procurer.

On va chercher dans les autres parties du monde les

Thés, les Caffés & les Chocolats; & nous foulons aux pieds nos Genevres, nos Sauges, nos Melisses, & je ne sçais combien d'autres plantes précieuses que les Indiens préfereroient à tout ce qu'ils nous envoyent, s'ils les avoient, & que nous estimerions aussi plus que nous n'estimons ce qui nous vient d'eux, si nous ne les avions pas.

On fait des cinq ou six mille lieües pour chercher dans le fond des Indes, & presque jusque chez nos Antipodes, le clou & la canelle, le poivre & le gingenbre, &c. & nous marchons sur une infinité de plantes aromatiques qui croissent dans les provinces où nous vivons, & que la plûpart des gens ne connoissent seulement pas. Ces simples contiennent pourtant des sels

& des soufres volatiles plus proportionnez à la nature de nos temperamens, que toutes ces drogues qu'on va chercher si loin. Il n'y a presque point de provinces, si on prend bien soin de les cultiver, qui ne fournissent abondamment toutes les choses necessaires à la vie de leurs peuples, & en même temps peut estre aussi presque tous les remedes dont ils peuvent avoir besoin pour la guérison des maladies qui leur surviennent. Il n'en faut pas tant qu'on croit ; la nature en aimant autant la simplicité, que celle des alimens ; & il en faudroit encocore bien moins, si les hommes estoient sages, & qu'ils sçussent un peu mieux se conduire.

Mais pour revenir aux potages dont on parle, quoy

qu'il ſoit vray de dire que le lait ſoit tres agreable à prendre, fort nouriſſant & tout à fait ſain de ſa nature, il ne laiſſe pas quelquefois de cauſer beaucoup d'incomoditez à de certaines perſonnes. Il y en a en qui il ne manque preſque jamais de ſe convertir quaſi auſſi tôt qu'on l'a mangé, dans une amertume bilieuſe, qui eſt encore quaſi toujours ſuivie de pluſieurs accidens. On en voit d'autres en qui il ſe caille : & pluſieurs auſſi à qui il donne des vomiſſemens, des cours de ventre, des gonflemens, des coliques, des maux de tête, la fiévre même.

Tous ces accidens ſont ordinairement cauſez par des matieres bilieuſes, dont l'eſtomac eſt tout abreuvé, & qui ſe déchargent trop abondamment dans la cavité des inteſtins ; par des acides trop acres qui ſe trouvent dans l'eſtomac, & qui font ſur le lait les mêmes effets qu'ont coutume de produire la preſſure & les acides qu'on y jette pour le cailler ; & par l'intemperie acide ou bilieuſe de toute la maſſe du ſang.

Il faudroit donc pour éviter tous ces accidens, & ſe mettre en état de joüir de l'agrément de pouvoir uſer de ces ſoupes, qui d'ailleurs ſont aſſurement tres bonnes, ſe purger une ou deux fois vers le commencement des Carêmes, ou des Avents même quand on a la pieté de faire maigre dans ce temps là. Il faudroit encore ſe ménager avec beaucoup de précaution ſur l'uſage de tout ce qui peut corrompre le lait & en changer la nature, comme ſur les ſalades, le fruit crud, les épiceries, le vin même; si avec toutes ces précautions cette nourriture ne laisse pas d'incommoder, il n'y a pas à balancer, il faut s'en interdire l'usage, comme de quelque chose qui est contraire à sa constitution.

Il n'y a point de petites familles qui ne sçachent faire les soupes au lait de vache: aussi la ceremonie n'en est-elle pas grande: du bon lait nouveau tout seul, à moins qu'on ne veüille y ajouter un peu d'eau, ce qu'on doit necessairement faire quelquefois pour le rendre plus coulant, un peu de sucre pour quelques uns, du sel & de bon pain, en font l'affaire. Ces preparations simples ne sont pas pour faire des potages à servir sur les tables de ceux qui

qui vivent delicieusement;mais ceux qui les tiennent se feront faire ces soupes d'une maniere pluscomposée. C'est l'affaire de leurs cuisiniers.

Il y en a qui font encore des soupes au lait avec les herbes potageres, comme les porreaux, les choux, les navets même. Ceux que ces sortes de potages n'incommodent point, en peuvent manger quelquefois, ou aussi souvent qu'ils le voudront: mais comme ils causent presque toujours des gonflemens, des songes fâcheux, & donnent des vents qui incommodent beaucoup quelquefois; ceux qui sont d'une constitution delicate feront fort bien de s'en abstenir. La seule liqueur du lait vaut mieux que tout cela.

Des Potages aux herbes.

Pour ce qui eſt des potages aux herbes dont preſque tout le monde mange aux jours maigres, on n'a garde d'en blâmer l'uſage.

Ils ſont en effet tres bons & tres ſains, particulierement dans les temps où les Plantes ſont toute remplies d'eſprits, de ſels, & de ſoufres volatiles. De maniere donc que s'il arrive que ces ſoupes produiſent quelques mauvais effets, cela ne peut venir que, ou de la part de ceux qu'elles incommodent, qui ſont d'une conſtitution ſi peu bonne, que toute ſorte de nourriture, quelque bonne qu'elle ſoit, peut leur faire mal, ce qui fait qu'ils ſont dans la neceſſité de faire toujours gras; ou de la part des alimens, comme lors qu'on y met trop de beurre, ce qui n'arrive que trop souvent, C'est un mal auquel il seroit bien aisé d'aporter remede ; puis qu'on peut faire des soupes aux herbes potageres, où il n'entre point du tout de beurre, qui sont fort saines, & qu'on ne laisse pas de trouver assez agréables, quand on se donne la patience d'atendre que la faim soit venuë, & qu'on n'est pas trop difficile sur le goût des alimens.

On manque encore, ce me semble, en une chose dans l'usage de cette soupe-la, & cela seul me paroît capable d'incommoder plus ou moins quelques uns de ceux qui se plaignent qu'elles leur sont contraires. On ne se contente pas pour l'ordinaire, de mettre quantité d'herbes dans ces potages, ce qui n'est pas mauvais, pourvû qu'elles soient bien choisies ; mais presque tout le monde les mange. A la verité il y a bien des corps à qui cela est assez indifferent ; mais il se voit aussi des personnes qui s'en trouvent incommodées. C'est une espece de fumier que tout cet amas d'herbes, qui ne fait que charger l'estomac & embarasser le ventre, sans fournir presque aucune nourriture au corps, toute la vertu qu'elles avoient étant passée dans le boüillon qui s'en est fait.

Ce ne seroit donc pas une mauvaise methode, au moins pour ceux qui n'ont que peu de santé, de ne laisser mettre d'herbes sur leurs potages, qu'autant qu'il en faut pour leur donner quelque agrément si on a cette delicatesse, & faire connoître par-là qu'on y en a mis, si on ne s'en apercevoit pas d'ailleurs en les mangeant ; & laisser là tout le reste de ces herbes qu'on auroit fait cuire, aprés en avoir tiré en les pressant, tout le jus qu'elles contenoient.

On ne croit pas devoir parler ici de ces potages au poisson si delicieux & si friands, de ces Bisques suculentes, de ces soupes aux Ecrevisses, aux Moules, &c. dont on fait tant de cas. On est persuadé que ces mets dont les aprêts si recherchez sont moins propres pour conserver la santé des corps, que pour satisfaire l'intemperance des hommes, ne sont pas la nouriture ordinaire de la plûpart de ceux qui pratiquent fidelement l'abstinence, & qui sont dans la penitence du jeûne. Et puis il s'est trouvé des gens qui ont pris soin de faire sur cela & sur les autres alimens qu'on sert sur les bonnes tables, des volumes entiers, qui feront voir à la posterité quelle a été la delicatesse du goût de ce tems ci, & jusqu'où on y a porté le plaisir de la bonne chere.

CHAPITRE III.

Des alimens maigres qu'on sert dans les jours d'abstinence, aprés les potages.

LA matiere de tous les mets qui se mangent toute l'année dans les jours maigres, sont les poissons, certaines racines, graines, legumes, fruits, plantes & les œufs dans certains temps où l'usage en est permis.

Des Poissons qui sont la nouriture la plus commune des jours maigres.

En general quoy que toutes les sortes de poissons dont on a coutume de manger, ne soient pas un mauvais aliment, de maniere qu'on ne doive pas attribuer à des qualitez contraires aux temperamens des corps, que cette nouriture pourroit avoir, les accidens qui surviennent à quelquesuns de ceux qui en usent dans les jours maigres ; il est certain neanmoins qu'ils ne sont pas tous également bons à manger.

Les poissons de mer, ceux des rivieres dont les eaux pures & belles coulent dans un lit net & sur un fond graveleux, sont toujours meilleurs & plus sains que ceux qui vivent dans les eaux dormantes & bourbeuſes des eſtangs. Ainſi de quelque tempera-ment que l'on ſoit, on fait toujours bien de preferer les premiers à ceux cy.

Il eſt encore tres aſſuré que parmy les poiſſons même qui ſe nouriſſent dans les eaux douces ou ſalées, il y en a d'incomparablement meilleurs les uns que les autres. On entreroit ſur cela dans quelque ſorte de détail ; ſi on ne craignoit d'ennuyer en diſant des choſes que preſque tout le monde ſçait.

Mais d'où vient donc, nous dira quelqu'un, puiſque le poiſſon eſt une nouriture qui n'a rien de contraire à la ſanté, qu'on voit tant de perſonnes qui s'en trouvent incommodées ? Que tant de femmes, & même des hommes, ont des maux

maux d'estomac, des envies de vomir perpetuelles, des vomissemens à chaque fois qu'ils en mangent? D'où vient que ces alimens donnent des coliques, des indigestions, des cours de ventre, & quelquefois d'autres incommoditez encore plus fâcheuses, à quelques-uns de ceux qui s'en nourissent?

Pour répondre à cette difficulté, sans rejetter tous ces accidens sur les qualitez vicieuses du poisson, il me semble qu'on peut fort bien dire, que si toutes ces incommoditez ne sont pas un effet de la mauvaise disposition des corps, à qui toute sorte de maigre en peut donner de pareilles; ce doit estre l'ouvrage de la maniere mal entenduë de faire accommoder ce poisson. C'en est une par exemple, qui est tout à fait contraire à la santé de ceux qui sont d'une constitution délicate & bilieuse, de se faire toujours servir ces alimens dans beaucoup de beurre, sans quoy cette nourriture n'auroit aucun agrément pour ceux qui la prennent. Et on se plaint aprés cela de mille incommoditez que cause le poisson toutes les fois qu'on en mange. Et moy je serois fort surpris, pour le dire encore une fois, si tous ces accidens ne survenoient pas à ceux qui s'en plaignent.

Je voudrois donc que ceux qui ne sont que d'une santé mediocre, & qui ne laissent pas de vouloir pratiquer l'abstinence, fissent plusieurs choses pour éviter les mauvais effets que produit l'usage du poisson.

Premierement, ils devroient

obſerver avec beaucoup de ſoin, quels ſont ceux d'entre tous les poiſſons, dont l'uſage les incommode le plus, afin de s'en abſtenir abſolument, pour s'en tenir à celuy de quelques autres plus conformes à la nature de leur temperament.

Secondement, il faudroit qu'ils. fuſſent fort attentifs à ne prendre dans leurs repas qu'une quantité mediocre de cette nourriture, & preciſément ce qu'il en faut. L'eſtomac de la plûpart de ceux à qui le poiſſon fait mal, auſſi bien que toute autre ſorte de maigre, eſt petit, foible, & incapable de faire de grandes digeſtions.

Troiſiémement, il faudroit éviter le mélange de trop de mets differens; cela ſeul eſt capable, ſelon moy, de cauſer beaucoup d'accidens dans des corps delicats, & faire que le meilleur poisson se corrompe dans l'estomac. Un petit potage, tel que peut estre un de ceux dont nous avons conseillé l'usage, un peu de bon poisson simplement apprêté; quelque autre mets encore si on le veut, un dessert fort simple; cela n'est que trop suffisant quand on n'a qu'un ou deux jours d'abstinence à faire. Et quand on auroit des Carêmes & des Avents entiers à passer, n'en est-ce pas assez pour chaque repas? Si les hommes sçavoient à combien peu de frais, avec combien peu de chose on vit, on se porte bien, on dort tranquilement; ils seroient assurément plus heureux qu'ils ne sont, & ne se tourmenteroient pas tant.

Quatriémement, il y a encore une chose à faire à ceux

que le poiſſon incommode, pour prévenir les accidens qu'il leur cauſe; & cela eſt plus eſſentiel encore, que tout ce qu'on vient de dire. Il faut changer la methode qu'on a de le manger avec beaucoup de beurre. Ces ſortes de ſauces où cét aliment domine trop, ſont bonnes de leur nature; mais avec tout cela elles ne laiſſent pas d'eſtre fort bilieuſes, & il y a beaucoup de perſonnes, dans l'éſtomac de qui elles s'aigriſſent preſque auſſitôt qu'on les a mangées; ſans parler de beaucoup d'autres accidens qu'elles produiſent encore. Il y a de meilleures manieres de ſe faire apprêter cette nourriture, il n'y a qu'à le vouloir: Car preſque tous ceux qui ont beſoin de ce ménagement, ſont en état de mettre ce regime en uſage.

C'en est une plus saine par exemple, de se faire servir le poisson qu'on mange, cuit dans quelque friture que ce soit, pourvû qu'elle soit bonne, & qu'il n'en reste point sur le poisson qui le rende trop gras. On peut luy donner quelque agrément, en y joignant lors qu'on le mange, quelque chose d'aigret. Les étuvées simples & faites sans beaucoup de façon, ne sont pas moins bonnes, non plus que ce qu'on appelle communément courboüillons, & les simples matelotes, pour parler comme on parle.

En un mot toutes les manieres qu'on peut s'imaginer, pourvû qu'il n'y entre point ou que tres peu de beurre, ny rien de toutes ces mauvaises choses qu'on n'y met que pour rendre ces morceaux plus delicieux, tout cela vaut assurément mieux pour la santé, que la façon ordinaire qu'on a d'accommoder le poisson avec le beurre quasi tout seul,

Il faut se conduire de la même maniere à l'égard du poisson salé quel qu'il soit, & dont les personnes delicates ne mangeront que le moins qu'elles pourront. Il faut toujours en tirer le sel de maniere qu'il ne luy en reste qu'autant qu'il auroit falu y en mettre, s'il n'y en avoit point eu.

Quelqu'un dira peut-estre, qu'un regime aussi simple qu'est celuy que je conseille, n'est pas assurément fort ragoûtant ; & qu'il est assez difficile de s'en accommoder. Hé bon Dieu ! ceux qui sont en état de le pratiquer, estant d'ailleurs dans l'abõdance d'une infinité d'autres choses par où ils peuvent se dédommager de ce petit desagrément, devroient-ils se plaindre, & paroître si sensibles à cela, pendant que tant de millions d'hommes n'ont pas seulement les choses qui sont absolument necessaires à la vie. Nos peres avoient trouvé autrefois délicieuses les manieres simples d'apprêter le poisson ; & nous les trouverions encore délicieuses comme eux, si on ne nous élevoit pas, comme on fait, dans l'intemperance du boire & du manger, & dans les plaisirs de la bonne chere.

Des Racines qui sont le plus en usage dans les temps d'abstinence.

QUAND on n'auroit pas de poisson à manger dans les jours maigres, ou que s'en trouvant toujours incommodé, on se verroit contraint de s'en interdire l'usage ; les racines seules pourroient fournir les alimens necessaires, sinon pour faire des Avents & des Carêmes entiers, au moins pour passer les Vendredis & Samedis de toute l'année, & quelques autres jours détachez qui s'y trouvent. Mais la plûpart des hommes sont si peu accoutumez à ne prendre d'alimens que ce qu'il leur en faut pour se bien porter, & à ne manger que pour vivre, comme on dit ordinairement : on est naturellement si delicat sur le boire & sur le manger : on a tellement gâté son temperament par les mauvais ménagemens où l'on a esté dans l'éducation qu'on a euë, qu'il faut bien que ces choses se fassent autrement; c'est à dire, qu'on feroit fort mauvaiſe chere ſi les tables n'étoient couvertes de tout ce qu'on peut avoir de differens mets, & qu'on n'y ſervît pas encore tout ce qu'il y a de meilleur en chaque genre d'alimens maigres.

Toutes les racines qui ſe mangent dans les jours maigres, ſont bonnes; mais elles ne le ſont pas toutes également, ny auſſi ſaines les unes que les autres. Les plus en uſage ſont les ſalſifix d'Eſpagne, qu'on appelle communément ſcorzonere; le chervi, les beteraves, les panais, les carotes, les navets, les raves, les poireaux, & les oignons.

Les Auteurs diſent beaucoup de belles choſes touchant les vertus de la ſcorzonere; on en a fait des traitez entiers. Toujours il eſt certain qu'elle entre dans toutes ſortes de remedes qui ſe font contre la peſte, les fiévres malignes & pourprées, les rougeoles & petites veroles ; en un mot, contre tous les maux où il y a des accidens extraordnaires qui n'ayant pas coutume de ſe faire voir dans des maladies de pareille nature, font dire que la cauſe de ces maux a quelque choſe de malin.

L'un & l'autre ſalſifix, celuy d'Eſpagne auſſi bien que le commun, ſont bons à manger & ſe mangent en effet, comme chacun ſçait, aprés qu'ils ont eſté cuits, avec la ſauce faite avec le beurre, le ſel, le vinaigre, & quelque peu de muſcade ou de poudre de nos plantes aromatiques, La plûpart des gens ſe trouvent aſſez bien de cette maniere commune d'apprêter ces racines : mais comme ceux à qui le beurre est contraire, ne sçauroient s'en accommoder, il faut en prendre une autre qui convienne mieux à la santé qu'ils ont ; & il y en a particulierement de deux sortes.

La premiere est de faire à ces racines une sauce avec la crême douce. Elle ne laisse pas d'avoir son agrément, & ne cause pas pour l'ordinaire les incommoditez que le beurre a coutume de donner.

La seconde est de se les faire donner frites au beurre ou à l'huile. Tres assurément cette maniere d'accommoder les salsifix aussi bien que quelques autres alimens maigres que ce soit, est, de toutes celles qu'on peut avoir, la meilleure & la plus saine. On conseille donc à presque tout le monde de s'y arrêter, & de la préferer à toute autre.

Le Chervi eſt une autre ſorte de petite racine fort douce ou ſucrée au goût, qui reſſemble en quelque choſe au panais ; & de laquelle on mange beaucoup en Carême auſſi bien que du ſalſifix. Le Chervi a pluſieurs bonnes qualitez. Il eſt ſtomacal, & ſe digere aiſément. Il eſt une aſſez bonne nourriture, & pouſſe par les urines.

La maniere la plus commune de ſervir cette racine ſur les tables, eſt de la donner frite comme la ſcorzonere : C'eſt auſſi celle qu'on trouve la plus ſaine. Ainſi tous ceux qui n'ont qu'une ſanté mediocre, feront fort bien de s'en tenir à cette maniere d'aprêter le chervi. C'eſt peut-eſtre l'unique qui leur convienne.

Il n'y a preſque perſonne qui ne connoiſſe la bêterave,

& qui ne sçache encore que c'est la racine de la beterouge; comme ce qu'on appelle cardes de poirée est la côte de la bete-blanche.

La racine de beterave ne convient gueres qu'à ceux qui ont un bon estomac, & une santé tout à fait bonne : car il est certain qu'elle est indigeste, de quelque maniere qu'on la prenne, ou en salade, ou frite avec le beurre : qu'elle ne donne qu'une mauvaise nourriture, & ne fait qu'un sang grossier & melancolique, quelque corrigée qu'elle soit par la vertu de meilleurs aromates. Il faut donc que ceux qui se trouvent incommodez de l'usage de ce qu'il y a de meilleur parmy les alimens maigres, s'abstiennent de manger de celuy-ci, ou qu'ils n'en mangent tout au plus qu'avec beaucoup de moderation.

LES Carotes & les panais qui ſont des racines communes & connuës encore de tout le monde, ne ſont pas non plus d'une qualité ſi ſaine que les ſalſifix & le chervi ; mais je crois auſſi que les alimens qu'on en fait, ne ſont pas ſi nuiſibles à la ſanté de ceux qui n'en ont que mediocrement, que les beteraves dont on vient de parler.

C'eſt donc aux perſonnes d'une conſtitution foible & delicate, qui voudront quelquefois manger de ces ſortes de racines, de ſe les faire donner d'une maniere qui leur convienne ; de faire entrer dans les ſauces qu'on y fait, le moins de beurre qu'elles pourront, ou pour mieux dire de n'y en point laiſſer mettre. Il n'eſt pas difficile de le retrancher tout à fait en cette occaſion, puis qu'avec la crême douce, ou même de bon lait, quelque poudre d'herbes aromatiques, on les rend aſſez agreables à manger, & toujours plus ſaines qu'avec le beurre avec lequel on a coutume de préparer cette nourriture.

Les Navets ſont encore une autre ſorte de racine plus en uſage qu'aucune de toutes celles dont nous venons de parler. On s'en ſert dans les jours gras comme dans les maigres.

Ceux qui ſe trouvent d'une ſanté que rien n'altere, peuvent uſer de cette racine dans tous les temps; mais les ſujets qui n'ont pas le même bonheur, doivent s'en abſtenir. Car la meilleure maniere d'empêcher que cette ſorte de nourriture ne faſſe mal à ceux dont la la santé demande du regimé, c'est d'en manger peu, ou point du tout.

On ne sçauroit s'empêcher de dire ici que les navets ont quelque chose de contraire à la continence; ce qui vient peut estre, de ce qu'ils causent beaucoup de vents. Si cela est, il faut donc dire aussi que tous les alimens qui sont flatueux, pourront bien avoir ce desagrément. Il y a bien de l'apparence que cela est ainsi. Quoy qu'il en soit, il est certain que cette racine ne nourit que peu; qu'elle est la matiere de quantité de vents, & que quoy qu'on fasse pour la corriger sur cela, en y mêlant lorsqu'on l'aprête, de la moutarde, du gingenbre, & tout ce qu'on veut d'autres aromates; elle en cause toujours plus ou moins à ceux qui en usent.

O

On croit donc qu'il est plus avantageux aux personnes delicates de se priver, en ne mangeant pas de cette racine, du bien qu'il est d'ailleurs incertain qu'elle leur feroit s'ils en usoient, que de risquer en la mangeant, à soufrir les maux qu'il est plus que probable qu'elle leur causeroit.

Les Poireaux & les Oignons des jardins sont encore des racines alimentaires, mais on n'en fait point de mets particuliers à manger. On ne s'en sert que pour les soupes. Ces deux racines sont toutes deux remplies d'un sel acre fort aperitif, qui rend fluides & coulantes les humeurs épaisses, & qui pousse par les urines. Elles conviennent donc assez aux personnes qui sont d'un temperament flegmatique, & remplies d'humeurs visqueuses &

grossieres. Mais pour en manger beaucoup, il faut avoir un bon estomac, car les poireaux & l'oignon sont d'une substance indigeste.

ENFIN pour ce qui est des Raves dont on mange presque toute l'année, on ne les regarde pas comme un aliment. Il est constant en effet, qu'elles sont peu nourissantes, & qu'elles causent des rots & des raports desageables, qui incommodent mesme quelquefois. Mais il est certain aussi que ces racines contiennent un sel fort acre; ce qui fait qu'elles sont aperitives, qu'elles éveillent l'appetit dans les repas, qu'elles attenuent les matieres grossieres & visqueuses de l'estomac & des intestins, qu'elles font couler le chile, & poussent assez puissamment par les urines. Toutes ces belles qualitez des raves ne doivent pas engager ceux qui n'ont que mediocremeut de santé, d'en beaucoup manger. C'est à eux à examiner si elles leur sont bonnes ou contraires.

Des Graines ou semences qui servent à faire des alimens dans les jours maigres.

PLUSIEURS Graines ou semences sont encore la matiere de quelques alimens maigres qui pour estre fort simples, n'en sont pas moins bons. Il est certain aussi que si on aimoit un peu plus son devoir & moins les douceurs de la vie, & qu'on sçût se contenter du necessaire; cette seule nourriture ne seroit que trop capable de conserver la santé des corps, & entretenir le degré de force dont on a besoin pour remplir les fonctions de son estat ; & ce n'est que pour cela qu'on doit ménager sa santé.

Les plus communes des Graines qui servent à faire ces sortes d'alimens, sont le riz, le froment, l'orge, & l'avoine.

On ne croit pas qu'il soit necessaire de marquer ici en détail, la maniere d'aprêter les mets qui se font avec ces sortes de semences. Car qui est-ce qui ne sçait pas que la boüillie de riz, qui est si nourrissante & si saine en même temps, & qui ayant quelque chose d'astringent, est bonne par consequent pour les cours de ventre & les dysenteries, se fait avec la graine entiere qu'on fait d'abord mitonner avec un peu d'eau ; le lait de vache, le sucre, le sel, & quelquefois un peu de safran ? Que celle de farine de froment, qui est toujours plus saine quand on y jette en la faisant quelques pincées de poudre d'anis, & que cette farine a esté cuite au four, se fait encore à peu prés de la même maniere que la précedente ?

Y a-t-il quelqu'un parmy ceux qui ont coutume de faire maigre, qui ne sçache pas aussi, que les mets de gruau d'avoine si rafraichissans, si sains, & si nourissans, s'aprêtent en faisant infuser dans un peu d'eau & sur les cendres chaudes, ce qu'on veut de cette grossiere farine : qu'on passe tout cela par l'étamine, ou un petit saz, & qu'on en fait une boüillie comme les premieres, avec le lait de vache, le sucre, le sel, & le safran, pour ceux qui l'aiment ; que les alimens d'orge mondé, c'est à dire, dont la peau a esté ôtée, se font aussi, en faisant bien cuire ce grain qu'on passe en suite par le tamis, pour en faire une boüillie de la même façon que toutes les autres.

On n'entre donc point sur cela dans un long détail qui ne seroit bon tout au plus, que pour tres peu de personnes, & assurément inutile, & fort ennuyeux à tous ceux qui n'en ont pas besoin. Mais on ne peut & on ne doit pas s'empêcher, d'avertir ceux à qui les alimens maigres font presque toujours mal, & ausquels on conseille l'usage de ceux-cy, qu'il faut se ménager infiniment sur celuy de quelques autres qui sont capables de les corrompre,

Des Legumes les plus propres à faire quelques mets pour les jours maigres.

LES Legumes ne sont autre chose, pour parler precisément, que toutes les sortes de fruits qui sont enfermez dans une écosse. Les plus communs dont on mange, sont les pois, les féves, & les lentilles.

IL y a trois sortes de pois, les noirs, les rouges dont on ne mange point, & les blancs & les verds qui sont les seuls qui soient en usage dans les cuisines. Il y a plusieurs especes de pois verds, ce détail ne sera pas long. On en voit de ramez & qui se cultivent dans les jardins, de gros & de communs, qui se sement dans les champs; il y a les pois qu'on appelle

appelle ſans coſſe, & quelques autres encore.

On appelle pois ſans coſſe ceux qui ſe mangent avec la gouſſe qui les envelope. Les autres dans la nouveauté ſe mangent tout verds au ſortir de l'écoſſe dont on les tire, aprés qu'ils ont eſté accommodez de la maniere que tout le monde ſçait : & toute l'année aprés qu'on les a fait cuire, qu'ils ont eſté paſſez, c'eſt à dire, qu'on a ſeparé la moile ou pulpe, de la peau qui les couvroit, pour en faire les mets qu'on veut.

En general toute ſorte de pois, les verds nouveaux, qu'on appelle communément petits pois dans la ſaiſon, les jaunes & les verds ſecs, les gros, les communs, les ramez, ceux qu'on appelle ſans coſſe, ſont tous un aſſez bon aliment. Ils ont même quelque chose d'agreable. Aussi n'y a-t-il quasi personne qui ne les aime, & qui n'en veüille manger.

Avec tout cela, comme il est certain que ce legume est venteux ; ceux qui craignent pour leur santé, n'en doivent user qu'avec beaucoup de ménagement. C'est à dire, que suivant les differens effets qu'on voit que les pois ont coutume de produire sur la santé, il faudra se priver d'en manger, en manger peu, rarement, se les faire servir sans beurre, ou sans y en mettre que ce qu'il convient. Les crêmes & le lait les assaisonnent fort bien. On prendra soin encore de corriger ce que ce legume a de grossier & de venteux, par le moyen de quelques unes ou plusieurs de nos herbes fines aromatiques. Enfin on obſervera de ne pas joindre dans les repas qu'on fait, beaucoup d'autres alimens, aux pois qu'on mange.

Il y a de deux ſortes de féves. Les groſſes qui ne ſont en uſage que dans la nouveauté, & les petites qui ſe mangent dans la ſaiſon avec la gouſſe qui les couvre. Le reſte de l'année il n'y a que le fruit de ces dernieres qui ſoit en uſage, & c'eſt un aliment fort commun pour une infinité de perſonnes qui eſtant d'un bon temperament, n'en reçoivent aucune incommodité.

Les groſſes féves ſont une nouriture de difficile digeſtion, tres venteuſe & fort groſſiere. Elles font un chile épais & viſqueux, & par conſequent un ſang melancolique. Les petites, ſur tout celles qui ſont rouges, ont quelque choſe de meilleur. Il eſt toujours certain neanmoins qu'elles donnent beaucoup de vents, qu'elles font une nouriture qui paſſe difficilement, qui épaiſſit la maſſe du ſang, qu'elles donnent des ſonges turbulens & deſagreables, qu'elles cauſent des vertiges, des peſanteurs d'eſtomac, quelque ſoin qu'on prenne de corriger ce qu'elles ont de mauvais, par les aromates qu'on y joint. On dit même qu'elles émouſſent l'eſprit. Il me ſemble qu'elles ſont plus ſaines quand on les mange avec la coſſe.

Tous ceux donc qui ſe ſentent d'une conſtitution qui s'altere aiſément, & qui demande des ſoins pour ſe conſerver; ces perſonnes-là feront parfaitement bien de s'abſtenir de ces ſortes de legumes, ou de n'en manger que le moins, & que le plus raremēt qu'elles pouront.

Il y a auſſi deux ſortes de lentilles, celles d'eau qui ne ſont d'aucun uſage au moins pour la nouriture; & celles de terre & qui ſe cultivēt, qui ſont les ſeules dont on mange. C'eſt un petit grain rond & plat, comme chacun ſçait, qui croiſt dans une gouſſe ou écoſſe. L'uſage de ce legume eſt fort ancien, puiſque du temps de Jacob & d'Eſaü, on en mangeoit. On n'étoit pas dans ces temps-là ſi delicat ſur la nouriture qu'on l'eſt maintenant.

On donne beaucoup de belles qualitez aux lentilles. On veut que la decoction qui s'en fait, lâche le ventre, parce que la peau de ce legume a quelque choſe de nitreux, & que cependant elle ne laiſſe pas d'être bonne pour faire ſortir les rougeoles & les petites veroles. Le plus seur est de ne s'y pas trop fier.

On s'y trompe moins de croire que ce fruit est astringent & assez indigeste de sa nature, pesant & venteux : que le chile qui s'en fait épaissit la masse du sang, qu'il cause des rêves fâcheux & qu'il charge la veuë. Il m'a cependant toujours paru, que ce legume produisoit moins d'incommodités que les pois & les féves. Je connois des personnes d'une santé même assez foible, qui n'ont vécu pendant des Carêmes entiers, d'autre chose que de lentilles, sans qu'elles s'en soient trouvées mal. Mais il faut tout dire, ces gens-là sçavoient bien se ménager d'ailleurs.

On n'interdit l'usage des lentilles à personne precisément, si ce n'est à tous ceux à qui elles sont absolument contraires. Quant à ceux qui en peuvent manger, suivant qu'elles ne feront que les incommoder plus ou moins ; ils regleront leur conduite dans l'usage de ce grain, de la maniere que nous l'avons dit plusieurs fois. C'est à dire, qu'ils s'en feront servir plus ou moins souvent ; qu'ils en mangeront peu ou beaucoup à chaque fois ; & sur tout qu'ils se les feront servir aprêtées d'une façon qui leur convienne, au beurre, à l'huile, à la crême, au lait, &c. n'oubliant jamais d'y joindre quelques-unes de nos plantes aromatiques ; le laurier, la sariette, le basilic, &c.

Des Fruits, des Arbres, ou des herbes fruitieres, qui sont la matiere de quelques autres alimens maigres.

Nous avons plusieurs fruits

des arbres, ou des herbes qui servent à nous faire differens mets dans les jours d'abstinence. Les plus communs sont les Amandes douces, les Citroüilles, les Potirons, les Concombres, les Artichauds & les Prunes.

Les Amandes douces sont le fruit d'un arbre qui s'appelle Amandier. Tout le monde le connoît. Cette sorte de fruit n'est pas seulement bon pour faire les potages maigres qui sont au goût & à l'usage de tout le monde, comme on a pris soin de le dire ailleurs; avec le lait qu'on en tire, le lait de Vache, les farines ou de froment, ou d'avoine, le riz ou l'orge mondé; on en fait des bouillies qui sont fort nourissantes & tout-à-fait saines. De maniere que de quelque delicatesse de santé qu'on soit, on en peut manger, ſans craindre pour l'ordinaire, de s'en trouver mal. Mais il faut éviter d'y rien joindre qui puiſſe corrompre, comme on l'a marqué en parlant des laitages.

La Citroüille eſt le plus gros de tous les fruits qui croiſſent en ces païs-ci. On fait des potages au lait comme chacun ſçait, & d'autres mets, avec la chair de ce fruit qu'on fait cuire, & qu'on fricaſſe enſuite. Il y a peu de gens qui ne ſçachent mieux qu'on ne pourroit peut être dire, comment cette nouriture s'apprête.

La chair de la Citroüille eſt aqueuſe, froide & contraire à l'eſtomac, peut eſtre parce qu'elle le rafraîchit trop. Ce n'eſt la matiere que d'un aliment fort ſimple, parce que ce fruit ne contient que peu de principes actifs ; je veux dire de sels & de soufres volatiles, en quoy consistent la bonté & la force des alimens. Mais aussi cet aliment humecte, rafraichit, corrige l'acrimonie acide & salée des humeurs, &c. provoque le sommeil. Elle est bonne pour les maladies des reins, de la Teste & de la Poitrine.

Avec toutes ces bonnes qualitez qu'a la Citroüille, on n'a garde d'en condanner l'usage, ni en soupe, ni autrement. Il n'y a que l'abus qui en est à craindre. Comme les meilleures choses deviennent mauvaises quand on ne sçait pas bien s'en servir ; celles qui ne sont que mediocrement bonnes, n'incommodent presque jamais, quand on sçait se les faire apprêter comme il faut, qu'on n'en prend que des quantitez convenables, qu'on n'en mange seulement que par intervale, & de temps en temps.

Le Potiron est une espece de Citroüille moins grosse que celle dont on vient de parler; on dit même qu'il est plus delicat à manger & plus sain. Quoiqu'il en soit, ce fruit a les mêmes qualitez que l'autre, & il sert aussi aux mêmes usages.

Tout le monde connoît le Conconbre des jardins. C'est un fruit qui est froid & humide, contraire à l'estomac & d'une difficile digestion. Il est la matiere d'une mauvaise nouriture, à cause de l'humidité excrementeuse qui compose toute sa substance, & qui se corrompant aisément, excite de vicieuses fermentations dans l'estomac, dans le ventre & dans toute la masse du sang.

Soit donc qu'on mange le

Concombre crud & en ſalade, ou cuit & en fricaſſée; à moins qu'on ne ſoit d'une tres bonne conſtitution, on riſque aumoins toujours quelque choſe. On a grand ſoin de corriger les mauvaiſes qualitez de ce fruit, par la vertu des meilleurs aromates qu'on y met; mais avec tout cela on ne fait que le rendre un peu moins mauvais qu'il ne ſeroit avant cette précaution.

Il n'y a donc que les perſonnes qui ſont d'une ſanté qui ne veut pas beaucoup de ſoins, qui pouroient ſe dõner la liberté de manger des Concombres de la maniere même qu'il leur plaira. Mais quant à ceux à qui les meilleures choſes font mal, ils s'en abſtiendront s'il leur plaît, ou ils n'en mangeront jamais tout au plus que lors qu'ils ſeront tres bien apprêtez & en fort petite quantité à chaque fois & rarement ; si ce n'est dans les soupes où il n'est pas, ce me semble, si à craindre pour les constitutions delicates & foibles.

Il n'y a personne encore qui ne connoisse les Artichauds qui se cultivent dans les jardins, & qui ne sçache qu'il y en a de deux especes ; une qui donne du fruit , l'autre dont on tire ce qu'on appelle communément les Cardes d'Artichauds. On en parlera peut-estre dans un autre endroit.

Le fruit ou la pomme des Artichauds , a toujours passé pour un morceau agréable & friand ; cependant Galien a prétendu que cette sorte d'aliment étoit une assez mauvaise nouriture. Quoiqu'il en soit encore , ce fruit se mange à la sauce faite avec le beurre, le sel, la muscade, & le vinaigre.

Ceux à qui le beurre venant à se corrompre, donne presque toujours des indigestions aigres ou des vomissemens, en un mot à qui il fait mal, & qui d'ailleurs auront la foiblesse de ne pouvoir resister à la tentation de manger des Artichauds, imagineront s'il leur plaît, des manieres de se les faire accommoder d'une façon qui ne leur cause point d'incommodité. Il me semble que cela n'est pas difficile à faire quand on a de la crême douce, du lait, &c. Cette maniere particuliere d'aprêter ce mets, n'aura peut être pas l'agrément de celle qui est en usage, parce qu'on n'y est pas accoutumé ; mais ce n'est pas dequoi il s'agit ; c'est de conserver la santé qu'on a en faisant maigre.

Il y a encore deux autres manieres de manger les pommes d'Artichauds ; ou frits, ou à la poivrade. En l'une & l'autre façon, ce fruit est fort indigeste & mal sain. Il ne faut donc pas que ceux qui ne sçauroiēt faire maigre, ou qui ne le font que difficilement, songent seulement à manger de ces sortes de ragoûts dans leurs repas. Ils ne sont bons, s'ils le sont jamais, que pour les meilleurs estomacs & les santez les plus robustes.

Les Prunes sont un fruit qui n'est pas seulement en usage pour les desserts; on en fait encore un mets qui est fort commun, sur tout en Carême.

La difference qui se trouve dans ce fruit, se prend de sa figure & de sa couleur, du goût & de la grosseur qu'il a.

Il y en a donc de douces, de plus ou moins aigres, de noires, de plus ou moins rouges, de jaunes, de blanches, de longues, de rondes, de grosses, de petites, &c.

En general toutes les Prunes lâchent le ventre, particulierement quand on les mange cruës. C'est ce que les personnes delicates ne doivent pas faire volontiers, de peur qu'elles ne leur donnent des cours de ventre, & des dyssenteries, n'y ayant peut estre aucun fruit qui soit plus capable de produire ces sortes d'accidens, à cause de la facilité qu'elles ont à fermenter, & à faire fermenter toutes les humeurs du corps.

Les Pruneaux secs ne sont pas si laxatifs que les Prunes fraîches : ou pour mieux dire ils ne le deviennent que lorsqu'on qu'on les a fait cuire comme on a coutume de faire. Il n'y a personne qui ne puisse manger des prunes de cette façon, au moins quelquefois ; mais aussi comme cet aliment est en même temps une espece de remede, on fera fort bien de ne le point mêler dans les repas avec aucun autre.

Des Plantes qui servent à faire des mets à manger dans les jours d'abstinence.

PArmi le nombre infini de Plantes que nous avons, il y en a plusieurs, sans parler des herbes potageres, qui nous servent de nouriture. Les plus communes & les plus en usage, sont les Asperges, les Epinars, les Choufleurs, les Cardes de Poirée & d'Artichaud, la Chicorée même & les Laituës,

L'Asperge des jardins est une plante dont les sommitez passent pour un mets friand dans la nouveauté. Elle pousse par les urines, elle échaufe un peu, & puis qu'il le faut dire aussi, elle a quelque chose de contraire à la continence.

On ne conseille ni ne défend l'usage de cet aliment à qui que ce soit en particulier. Cette plante est bonne ou mauvaise suivant les quantitez, plus ou moins grandes qu'on en mange, qu'on se la fait apprêter d'une maniere qui convient ou ne convient pas, qu'on est d'une santé qui s'altere plus ou moins facilement. C'est donc sur tout cela qu'il faut que ceux qui veulent manger des Asperges sans risque de s'en voir incommodez, prennent ſoin de regler leur conduite. Car s'il falloit dire ce que chacun doit faire en particulier dans l'uſage de cette nouriture, comme dans celuy de toutes les autres, on ſeroit infini.

LES Epinars ſont une autre plante fort en uſage parmi celles dont on mange les jours maigres. Les feüilles de cette herbe ſont un aſſez bon alimẽt, particulierement dans les chaleurs. Elles lâchent doucement le ventre, humectent, rafraichiſſent & corrigent l'acreté vicieuſe & contre nature, des ſels de la maſſe du ſang.

Si donc on voit quelquefois de mauvais effets de l'uſage de cette ſorte d'aliment, il faut plutôt s'en prendre aux manieres qu'on a de ſe le faire accommoder, qu'à ce qu'il pourroit avoir de mauvais par luy-même. On gâte presque toujours les épinars qu'on fait servir, par la quantité de beurre qu'on y met, comme s'il n'y avoit pas d'autres manieres de les apprêter ou de les rendre, sinon aussi agreables à manger, au moins tres assurément, beaucoup plus sains.

Ceux donc qui apprehendent pour leur santé, & qui voudroient se faire donner quelquefoisde ces herbes dans leurs repas maigres, retrancheront le beurre qu'on a coutume d'y mettre, & ne les feront assaisonner qu'avec le lait ou la crême douce & le sel, y faisant toujours entrer quelques herbes fines pour ceux qui n'en haïssent pas le goût.

Les Choufleurs sont encore un aliment fort commun les jours maigres, dans certains temps de l'année. Il y a peu de tables où l'on n'en voye ſervir. La nouriture qui s'en fait, n'a rien de contraire à la ſanté. Car quoy que ce mets puiſſe quelquefois cauſer des vents, donner des rêves deſagreables à quelques-uns ; à cela prés en general, les choufleurs n'ont rien de mauvais. A moins donc qu'on ne ſoit d'une tres mauvaiſe ſanté, on peut manger de cette plante ſans rien craindre. Pour ceux qui ne l'ont que paſſablement bonne, ils doivent ſçavoir en ſe ſouvenant de ce qu'on a dit tant de fois, ce qu'il y a à faire pour empêcher que l'uſage de cette nouriture ne les incommode.

Il y a de deux ſortes de cardes, celles de poirée, & celles d'artichaud.

Les cardes de poirée qui ne ſont autre choſe que les côtes

des betes blanches, & dont on mange assez communément, ne sont pas une nouriture qui convienne fort à ceux qui ne sçauroient pratiquer l'abstinence absolument, ou qui ne la pratiquent qu'avec beaucoup de peine. Elles sont indigestes, quelque bien aprêtées qu'elles soient, & par consequent la matiere d'un suc nouricier assez pesant qui se portant dans la masse du sang, ne manque pas de l'épaissir & de la rendre melancolique, comme on a coutume de dire; en sorte que cette précieuse liqueur ne circule que languissamment dans les vaisseaux, & n'arrose les parties éloignées du corps, que d'une maniere imparfaite.

C'est à ceux qui voudront manger des cardes de poirée, de voir jusques où vont les forces de leur constitution, & d'observer les differens effets qu'elles produisent sur leur santé, toutes les fois qu'ils en mangent. C'est sur cela qu'ils doivent regler leur conduite, c'est à dire, qu'on se privera d'en manger, qu'on en mangera peu & rarement, qu'on se les fera accommoder d'une façon qui convienne, ou qu'on ne changera rien dans celle dont on a coutume de les apprêter.

Les Cardes d'artichaud, qu'on appelle encore ordinairement cardons d'Espagne, ne sont autre chose que les côtes ou tiges d'une espece d'artichaud qui ne porte point de fruit, & ausquelles les Jardiniers sçavent donner la couleur blanche qu'elles ont. Ces sortes de cardes sont un peu meilleures & plus saines que celles dont on vient de parler. Ainsi il n'y a personne de ceux qui mangent des cardes de poirée, qui ne puisse se faire servirde celles d'artichaud, sans crainte de s'en voir incommodé ; pourvû neanmoins qu'on garde quelque mesure dans l'usage de cét aliment ; je veux dire qu'on en use avec les mêmes précautions que de l'autre.

Il me semb-e qu'on pourroit fort bien ajouter à ces plantes, les laituës & la chicorée des jardins. Car quoique ces herbes ne soient gueres en usage que pour les soupes, on peut fort bien en faire des mets à manger dans les repas.

On dira peut-estre que ces plantes ne sont pas un aliment fort nourissant : mais on répondra aussi, qu'elles sont medicamenteuses, cela veut dire, qu'en qu'en fourniſſant peut-eſtre aſſez de nourriture aux corps, elles ſont en même temps un remede aux cauſes des maladies qui les ataquent. En effet, les laituës & la chicorée humectent & rafraichiſſent en amortiſſant l'acreté de la bile & celle de tous les acides vicieux du corps, qui ſont la cauſe d'une infinité de maux. Elles provoquent un doux ſommeil, & ſont un remede ſimple & naturel contre toutes les ſaillies qui portent à l'incontinence.

Ainſi la plûpart de ceux qui font maigre, peuvent manger de ces ſortes de plantes avec autant de confiance, que des épinars, des chouxfleurs, des aſperges & des cardes; prenant toujours la précaution, pour ne pas ſortir de mes principes, de ſe bien ménager ſur la quantité, & sur la maniere de se les faire áprêter, qui convienne à l'état de la santé qu'on a.

On dira ce qu'on voudra des œufs, qu'ils sont bilieux, qu'ils échaufent, qu'ils sont la matiere de la gravelle & de la pierre, & je ne sçay pas quoy; & moy je crois que c'est une parfaitement bonne nourriture. Aussi ne sçaurois je assez m'étonner de voir qu'avec cét aliment seul dans les temps où il est permis d'en manger, & quelqu'un des potages qu'on a marquez qui convienne, les gens du monde ne puissent pas vivre au moins quelques jours.

La plûpart des hommes sont admirables dans leurs manieres! On se plaît à se faire des scrupules sur l'usage de certaines nourritures, à cau e des mauvaises qualitez qu'on s'imagine qu'elles ont qui pouroient nuire à la ſanté ; & au même temps qu'on a cette delicateſſe ridicule, & qu'on eſt d'une attention infinie à ſe ménager ſur cela, on fait une infinité de choſes qui ſont vraiment capables de gâter les meilleures conſtitutions, & qui auſſi les renverſent preſque toujours.

On eſt donc perſuadé qu'il n'y a quaſi perſonne qui ne puiſſe manger des œufs quand il luy plaira, pourvû que l'uſage en ſoit permis. Les meilleurs & les plus ſains ſont ceux qui ſe mangent à la coque, frais pondus, & ceux qui ſe font avec le lait. Mais comme il y a une infinité de façons differentes de les aprêter, chacun ſe les fera accommoder de la maniere qui luy ſera plus convenable, & qu'il connoîtra par l'experience qu'il en aura faite, luy estre moins contraire. C'est le vray moyen de ne jamais rien faire en mangeant des œufs, non plus que toute autre chose, dont on puisse se repentir.

CHAPITRE IV.

Des desserts, particulierement de ceux qui conviennent aux personnes qui pratiquent l'abstinence & le jeûne; & à ceux qui menent toujours une vie simple & frugale.

LES desserts qui sont le troisiéme aliment de quelque repas que ce soit, sont les mêmes pour les jours maigres, que pour les gras. Les differentes choses dont ils se font, sont infinies. De maniere que s'il me faloit faire un détail de tout ce qui compose particulierement ceux qu'on sert sur les bonnes tables dans quelques jours que ce soit, expliquer les diverses qualitez de ces differens alimens, marquer ce qu'il y a de bon & de mauvais, & faire voir les effets que chaque morceau est capable de produire ; ce seroit pour lors que je deviendrois infini & ennuyeux.

Car combien de petits mets ne sçait-on pas faire pour rendre cette partie du repas délicieuse à manger. Sans parler des fruits cruds dont nous dirons quelque chose dans la suite, qui font pendant une bonne partie de l'année le gros, pour ainsi dire, de ce troisiéme service ; combien de pâtes differentes n'a-t-on pas coutume de joindre à ces alimens simples, de confitures seches & liquides, de gelées de toutes sortes de fruits, de conserves de toutes façons, de biscuits, de differens massepains, de macarons. On joint à tout cela les fromages de toutes especes, les crêmes dans la saison, les patisseries, & je ne sçay combien d'autres choses que nos peres plus temperans que nous, ne connoissoient pas.

Je ne dis ny bien ny mal en particulier de toutes ces especes de mets. Ceux qui ne sçauroient se passer d'en manger, en continuëront l'usage s'ils le veulent absolument. Je les avertis neanmoins en passant, qu'outre que ce n'est pas jeûner fort regulierement, ny même peut-estre demeurer dans les justes bornes de la frugalité où l'on doit vivre les jours d'abſtinence, qui doivent toujours eſtre regardez comme des temps de mortification, que de ſe faire ſervir des mets ſi recherchez ; s'ils n'uſent de tout cela avec moderation, ils pourront bien s'en repentir. Toutes les ſucreries ne ſont pas, comme tout le monde ſçait, un aliment fort ſain, s'il eſt vray qu'elles ſoient un aliment.

A l'égard de ceux qui vivent d'une maniere plus commune, qui ſont d'une ſanté delicate, & qui avec cela veulent pratiquer l'abſtinence de la viande, & les jeûnes d obligation ; ils ſe contenteront de deſſerts plus ſimples. S'ils en veulent dans leurs repas, quelques-uns de nos bons fruits comme la nature nous les donne ſi cela ne leur eſt point contraire, ou ſimplement apprêtez : quelques-unes des meilleures & des plus ſaines confitures qu'on a coutume de faire : quelque choſe même de ce qu'on ſert ſur les bonnes tables, pourvû que cela convienne à la ſanté qu'on a & à la temperance qu'on doit garder dans les jours d'abſtinence & de jeûne; ces ſeules choſes ſuffiront pour faire les petits deſſerts de ces perſonnes-là.

En general tous les fruits des arbres ſont une nourriture tres ſaine & des plus naturelles. C'étoit auſſi le principal aliment que Dieu avoit donné aux hommes avant le déluge : car dans ces temps-là on ne vivoit que d'herbages, de legumes, de fruits, de laitages, & d'eau ſimple; l'uſage des animaux égorgez n'étant venu que dans la ſuite. Et c'eſt ſans doute, au moins en partie à cette frugalité, qu'on doit attribuer la longueur de la vie des hommes de ces siecles si reculez. On voit encore des peuples entiers, qui ne vivent d'autre chose, & des païs où parce qu'il y en croist d'excellens & en abondance; on s'y abstient dans les jours de jeûne, de beaucoup de choses dont l'usage est permis dans les lieux où ces alimens ne se trouvent pas.

On peut dire cependant en general de tous les fruits que nous avons sur la fin du Printemps, durant tout l'Eté & dans l'Automne, ce qu'on peut assurer estre vray de tous les autres alimens; qu'ils ne sont pas tous également bons, ny sains; qu'il y en a au contraire d'excellens de leur nature, de mediocrement bons, & d'assez mauvais qui ne conviennent tout au plus qu'à ceux que rien n'est capable d'incommoder.

Il faut donc que les personnes dont la santé veut du ménagement dans le regime des alimens, connoissent non seulement ce qu'il y a de bons fruits, mais qu'elles ne mangent que de ceux qui leur conviennent, particulierement dans les jours maigres : qu'elles ne se les fassent jamais servir que dans leur parfaite maturité : qu'elles se ménagent beaucoup sur les quantitez qu'elles prendront de ces alimens à chaque repas, n'estant pas assez que quelque nourriture soit bonne de sa nature, pour pouvoir s'assurer qu'elle ne fera point de mal. En un mot, il faut que ces personnes-là se conduisent dans l'usage des fruits, comme nous avons dit qu'il falloit faire à l'égard des autres alimens ; & avec plus de ménagement encore quand on fait maigre, que dans un autre temps.

Nous avons ſur la fin du Printemps, pendant tout l'Eſté & dans l'Automne, une infinité de differens fruits qui ſervent à faire les petits deſſerts, ou les legeres colations de ceux qui pratiquent l'abſtinence & le jeûne, ou qui veulent en tout temps mener une vie ſimple & frugale.

D'abord on a les fraiſes & les framboiſes, les ceriſes douces & les aigrettes, les abricots & les prunes, puis les pêches de differentes eſpeces, pluſieurs ſortes de poires, les figues, les groſeilles, les pommes, les raiſins, & beaucoup d'autres fruits encore dont on ne parlera point, parce que veritablement ils ne ſont pas d'un si grand usage pour les desserts des repas des jours d'abstinence, ou pour les colations simples & frugales des temps de jeûne; & c'est dequoy j'ay à parler.

Les Fraises sont de tous les fruits qui se mangent, un de ceux qui sont les plus agreables au goût. Il est même, à ce qu'on croit, un des plus sains. Aussi n'y a-t il quasi personne qui ne s'en fasse servir dans la saison.

Outre que les Fraises sont un aliment, elles sont encore particulierement bonnes pour les maladies des reins. Mais comme ce fruit se corrompt aisément, il produit aussi quelquefois de fâcheux accidens, quand on se conduit mal dans son usage, ou qu'on est d'une foible constitution. C'est à dire, que comme il excite de vicieuſes fermentations dans le ſang, il produit des dévoîmens, des fiévres, & pluſieurs autres accidens.

Il faut donc que tous ceux qui n'ont que peu de ſanté, examinent bien quelle quantité de fraiſes ils peuvent manger, particulierement les jours maigres ; & ſur tout, qu'ils ſe les faſſent ſervir nouvellement cueillies & dans leur juſte maturité. Il eſt même eſſentiel, ce me ſemble, de ne les pas joindre à beaucoup d'alimens maigres. Et c'eſt ce qui ſe doit obſerver aſſez regulierement à l'égard de tous les fruits qui ſe fermentent facilement. Car lors que le ſuc & la ſubſtance de ces fruits viennent à ſe mêler avec les alimens maigres qui ſont pour la plûpart la matiere de beaucoup de vents, il ne manque pas de se faire de grands gonflemens, & souvent tant d'autres incommoditez que ceux qui avoient entrepris de pratiquer l'abstinence & le jeûne, sont contraints de laisser tout là, pour se remettre à l'usage de la viande.

Les Framboises sont une autre sorte de fruit d'une odeur & d'un goût fort agreables. Elles viennent au même temps que les fraises, à qui elles donnent une odeur & un goût qui fait plaisir quand on y en mêle un peu, aussi bien qu'aux confitures où l'on en fait entrer.

Les Framboises sont cordiales & rafraîchissantes ; mais comme elles se corrompent encore plus aisément que les fraises, aussi produisent-elles de plus vicieuses fermentations dans le corps. Il faut donc que ceux à qui le maigre fait mal, gardent pour le moins autant de mesures dans l'usage de ce fruit, qu'à l'égard de l'autre ; & que se souvenans même toujours que les meilleures choses devenans mauvaises quand on ne sçait pas les prendre dans les quantitez & les temps qui conviennent ; celles qui ne sont que mediocrement bonnes, sont toujours capables de produire de méchans effets, sur tout quand on n'est pas d'une bonne constitution.

Il y a de deux sortes de Cerises. De douces, qu'on appelle ordinairemunt guignes, bigarreaux, ou merises ; & d'aigres qui retiennent le nom de cerises.

Ce fruit comme tous les autres, est un aliment medicamenteux, c'est à dire, qu'il est nouriture & remede en même temps. Les cerises douces sont bonnes pour les maladies de la vessie, mais elles engendrent des vers. Les aigres sont cordiales, stomacales & rafraichissantes. Toutes les personnes delicates qui ne sont pas accoutumées à manger beaucoup de fruit, feront bien de se ménager dans l'usage de celuy-cy, notamment toutes les fois qu'elles se feront donner des laitages dans leurs repas maigres, à cause que tous les aigres leur sont toujours fort contraires. On fait avec les cerises, des confitures tres agreables & fort saines.

Les Abricots sont un fruit hatif & précoce qui estant humide, est par consequent rafraichissant. La chair s'en corrompt & s'aigrit tres facilement. Tous ceux donc qui ne sont

ſont point d'une bonne conſtitution, & qui d'ailleurs ne ſont pas acoutumez à manger beaucoup de fruit crud, ne mangeront des abricots, même dans quelque repas que ce ſoit, qu'avec précaution. On en fait une confiture, qui a ſon agrément; mais il faut éviter de la mêler avec beaucoup d'autres differentes nourritures, ſur tout quand elles ſont maigres, pour les raiſons que nous avons marquées en parlant des fraiſes.

Les Prunes, dont il y a pluſieurs eſpeces, comme on l'a dit dans un autre endroit, ſont de leur nature moins ſaines qu'aucun des fruits cy-deſſus. Pour éviter donc de tomber dans des fiévres, des dyſſenteries, des cours de ventre, & d'autres fâcheux accidens qu'elles cauſent tres ſouvent à ceux qui en usent sans discretion ; il faut que ceux qui sont d'un temperament à ne pouvoir faire maigre sans s'en voir incommodez, mangent de ce fruit avec beaucoup de retenuë.

POUR ce qui est des Pêches dont il y a encore plusieurs especes, elles sont un fruit fort humide, tres rafraichissant & agreable au goût. En general c'est un excellent fruit que la pêche. Cependant il faut demeurer d'accord qu'elle se corrompt & cause des fermentations fâcheuses qui produisent plusieurs incommoditez quand on n'est pas d'un bon temperament, ny acoutumé à manger beaucoup de fruit. Car pour ce qui est des bons corps, il n'y a quasi point de fruits qui leur fassent mal ; aussi peuvent-ils en manger de tous indifferemment, ſans tant de circonſpection.

Il faut donc que les perſonnes delicates qui font abſtinence, voyent un peu dans les jours maigres & de jeûne qui ſe trouvent dans les temps où ce fruit ſe mange, ce qu'il leur eſt permis d'en prendre. On doit toujours éviter avec ſoin de mêler les pêches avec beaucoup d'alimens maigres: & c'eſt ce qu'on ne ſçauroit trop recommander à l'égard des fruits qui fermentent beaucoup, & qui ſe gâtent facilement.

Nous avons quantité de differentes ſortes de Poires qui toutes ſont excellentes à manger, & fort ſaines. Il s'en voit dés la fin du Printemps, quand les ſaiſons ne ſont point déplacées. Elles ſe ſuccedent les unes aux autres, tout l'Eſté, & on en cueille en Automne, dont quelques-unes ſe conſervent tout l'Hyver & vont juſqu'aux fruits d'une nouvelle année.

Outre les poires qu'on ſert comme la nature les donne, il en croît d'autres qui ne ſe mangent que cuites. On a pluſieurs manieres de les aprêter. Une des meilleures, eſt celle d'en faire ce qu'on appelle compotes. C'eſt un mets fort ſimple, mais il a ſon agrément, & il eſt tres aſſuré qu'il eſt fort ſain. De maniere que de quelque delicateſſe de ſanté qu'on ſoit, on peut manger de ces compotes, aux deſſerts des repas maigres qu'on fait, & aux collations temperées des jours de jeûne, ſans craindre d'en eſtre incommodé. On peut auſſi uſer des autres poires cruës & comme elles ſortent de l'arbre; mais je crois qu'il faut y aller un peu plus doucement, & voir à quels alimens maigres on les joint. C'est toujours aux personnes delicates à qui je parle ; car encore un coup, les autres n'ont pas besoin de tant de ménagemens incommodes.

Quoy que ces contrées cy ne soient pas propres à produire des figues aussi excellentes qu'on en voit croître en Provence, on ne laisse pas d'y en voir en Esté, & quelquefois en Automne à la seconde saison.

Les figues recentes, c'est à dire qui sont nouvellement arrachées de l'arbre, sont peut-estre de tous les fruits qui ne sont point de garde, un des plus sains. Les seches sont meilleures que les recentes. C'est avec ce mets, & quelque autre chose tout au plus, comme quelques raisins secs, les noix, les amandes, ou quelque peu de fruit cuit, &c. que font en Carême les petites refections du soir, ceux qui jeûnent regulierement.

Ces personnes là ne peuvent pas s'imaginer que les colations de la plûpart des gens du monde, ne soient pas de vrais petits soupez où l'on ne fait tout au plus que s'abstenir de certaines choses, mais qui sont bien remplacées par plusieurs autres mets dont on mange presque toujours jusques à un parfait rassasiment, à moins qu'on n'apprehende d'en estre incommodé.

Si c'est là, disent-ils, jeûner dans les regles, la penitence du jeûne de ces temps cy, n'est pas fort difficile à faire; & il faudra dire que les Chretiens d'autrefois ont esté bien simples de se refuser, comme on a fait si long-temps, dans le seul repas qu'ils faisoient, & qui estoit toujours fort frugal, jusqu'à l'usage du vin, des laitages, & du poisson quelquefois; & de ne manger aux jours de jeûne, que les soirs aprés la Messe & les Vespres?

Cette ancienne pratique qui nous fait connoître quelle a esté l'austerité de la penitence des Fideles de l'Eglise naissante, n'est pas encore entierement abolie. Dieu permet pour en conserver l'idée dans la memoire des hommes, qu'il y ait dans ces temps cy des particuliers, & même des Communautez entieres de l'un & de l'autre sexe, qui l'observent fort religieusement.

Quelle confusion! & pour ceux qui non seulement ne jeûnent jamais, mais encore qui violent toujours le precepte de l'abstinence d'une maniere tout à fait indigne & scandaleuse : & pour ceux qui jeûnent presque toujours mal, ou par les grands repas des midis, ou par les trop fortes colations des soirs : Quelle confusion pour ces personnes là ! de voir, je ne dis pas ces particuliers, ou ces grandes Communautez d'hommes, cela n'auroit rien de si étonnant : mais de saintes Filles qui, dans des solitudes affreuses aux gens du monde, ou par l'horreur du silence éternel qui y regne, ou par le triste & desagreable aspect des bois & des montagnes qui les cachent, ou par le desagrément perpetuel des étangs & des terrains marécageux qui rendent l'air de ces deserts fort mal sain ; pratiquent dans les Carêmes avec une fidelité fort exacte, malgré la delicatesse de leur sexe, toutes les répugnances de la nature, & les affoiblissemens de leur constitution, les grands jeûnes d'autrefois. Ces humbles servantes du Seigneur, sans rien retrancher des autres travaux de la penitence austere où elles sont toujours, ne font jamais dans ces temps là, qu'un seul repas sur le soir & vers le lever des étoiles. Et quel est ce repas encore ! Pour en donner quelque idée, & marquer aussi en deux mots ce qui se passe dans ces saintes retraites, il est tel qu'on doit le faire quand on mene une vie qui n'est gueres moins étonnante que celle de ces hommes admirables dont on a parlé.

Les Groseilles comme tous les aigres doux, sont fort rafraichissantes. Ce fruit qui se conserve assez long-temps attaché même au buisson qui le porte, est fort agreable à manger, & fort sain. On en fait des confitures dont presque tout le monde use une bonne partie de l'année où les fruits cruds sont devenus rares. Il n'y a donc que ceux à qui tous les acides, même les plus temperez, soient contraires, ou qui usent d'alimens ausquels ces acides ne conviennent aucunement, comme il arrive souvent dans les jours d'abstinence & de jeûne, qui doivent se priver de manger des groseilles de quelque maniere que ce soit qu'elles soient aprêtées.

Tout le monde sçait que les pommes sont une bonne nourriture, & que parmy celles qui se mangent dans les desserts, il y en a qui se gardent jusqu'à ce qu'il y en ait de nouvelles.

On mange ce fruit tout crud comme la plûpart des autres : mais comme il cause toujours des vents ; pour peu qu'on soit delicat, il se le faut faire servir cuit en compotes, ou en toute autre maniere qu'on voudra qui fasse plaisir, & qui n'incommode point.

On fait avec les pommes, des gelées qui sont tres agreables au goût & fort saines ; & ce seul morceau peut faire le dessert des personnes qui n'ont que peu de santé, & la matiere des colations de ceux qui veulent jeûner comme il faut. Au moins n'y a-t-il pas beaucoup de choses à y joindre pour composer le dessert d'une personne delicate qui fait abstinence, & la colation de ceux qui veulent jeûner regulierement.

Le plus nourrissant de tous les fruits, ce sont les raisins. Il y a les frais & les secs, les blancs & les noirs, & les uns & les autres sont de plusieurs especes.

Tous les raisins dont on mange sont de leur nature fort bons, pourvû qu'ils soient doux & dans leur maturité. Il est certain neanmoins qu'il n'y a aucun fruit qui fermente si aisément, ny si fort, que le raisin. Il n'y en a donc point non plus, qui soit plus capable, si on n'en use pas modérément & qu'il n'ait pas les qualitez qu'il doit avoir, de causer des dévoîmens, des dyssenteries, & plusieurs sortes de fiévres, particulierement quand il est frais & nouvellement cueilli. Ainſi ceux qui ne ſont pas d'une bonne ſanté, doivent eſtre fort reſervez dans l'uſage de ce fruit pour les deſſerts des jours maigres, ou les colations des jeûnes de l'Egliſe.

Les raiſins ſecs qu'on appelle raiſins paſſes, incommodent moins ceux qui ſont d'un mauvais temperament que les frais, parce que les principes actifs, c'eſt à dire les ſels & les ſoufres qui les compoſent, eſtant un peu concentrez par la diſſipation de l'humidité de toute la ſubſtance des raiſins qui s'en eſt faite lors qu'on les a fait ſécher au Soleil, ou au four; ces principes ne ſont plus ſi capables de produire d'auſſi grandes fermentations dans l'eſtomac, le ventre, ou toute la maſſe du ſang, qu'ils l'étoient auparavant.

Ces sortes de raisins sont non seulement nourissans, mais même fort propres pour les maux de poitrine, & lors qu'il s'agit de corriger l'acreté des humeurs. Dans les Carêmes ils font avec les figues, les noix, les amandes, ou quelques autres alimens secs, la matiere des colations de ceux qui veulent jeûner exactement.

CONCLUSION.

On a vû par la lecture de ce Livre ce que je me suis proposé d'écrire touchant le sujet sur lequel on a voulu m'engager de travailler. Je ne sçay pas si ce que j'ay dit dans cét ouvrage, répond bien parfaitement à l'idée de son titre; mais il me semble qu'on y trouve tout ce qu'on a dit dans sa Preface, qu'on devoit y voir.

On a parlé dans la premiere partie, de ceux qui par des raiſons bien differentes ne font point abſtinence. Dans la ſeconde on a marqué les cauſes qui ont coutume de produire les accidens, qui ſurviennent dans l'uſage des alimens maigres. Dans la troiſiéme partie, on a eſſayé de faire connoître la matiere des mets qui compoſent la plûpart des alimens maigres ; on y a fait voir les qualitez differentes de chaque choſe : en un mot on y a marqué la maniere dont chacun doit ſe conduire dans l'uſage de cette nourriture, pour prévenir les mauvais effets qu'elle a coutume de cauſer, quand on en uſe ſans aucune précaution, ny ſur le choix qu'on en doit faire, ny ſur la quantité qu'on en peut prendre, ny ſur la maniere de la faire apprêter. Et c'est precisément ce qu'on avoit à dire.

Il ne me reste donc plus qu'une chose à faire maintenant ; c'est de souhaiter que ceux pour qui on a fait ce traité, trouvent dans le regime qu'on y prescrit, tout l'avantage qu'on a cru qu'ils devoient y trouver. Ou pour mieux dire, je n'ay plus qu'à demander à Dieu, que tout ce qu'il a permis que j'aye dit, ne soit pas seulement utile à ceux qui voudroient bien pratiquer l'abstinence, s'ils le pouvoient, & à ceux qui ne la font qu'avec beaucoup de peine ; mais que répandant ses benedictions sur ce travail, les veritez qu'on y dit fassent encore quelque impression sur le cœur des gens du monde qui ne gardent point l'abſtinence, parce qu'ils ne le veulent pas.

FIN.

EXTRAIT DU PRIVILEGE du Roy.

PAR Grace & Privilege du Roy, donné à Verſailles le ſixiéme Mars 1700. Il eſt permis à PIERRE BIENFAIT Marchand Libraire à Paris, de faire imprimer de telle maniere, & autant de fois qu'il luy plaira, un Livre intitulé *l'Abſtinence de la viande rendüe aisée, ou moins difficile à pratiquer, &c.* composé par Me BARTHELEMY LINAND Docteur en Medecine, & ce pendant le temps de ſix années conſecutives, à commencer du jour quel ledit Livre sera achevé d'imprimer pour la premiere fois, avec deffenses à toutes personnes de contrefaire ledit Livre, à peine de quinze cens livres d'amende, & de tous dépens, dommages & interests, ainsi qu'il est plus amplement porté par ledit Privilege. Signé par le Roy en son Conseil, GALLOIS.

Registré sur le Livre de la Communauté des Libraires & Imprimeurs de Paris, le 16. Mars 1700. Signé, BALLARD.

Achevé d'imprimer pour la premiere fois le dernier Mars 1700.

Les Exemplaires ont esté fournis.

www.ingramcontent.com/pod-product-compliance
Ingram Content Group UK Ltd.
Pitfield, Milton Keynes, MK11 3LW, UK
UKHW022053260726
13993UKWH00001B/94

9 782329 391083